GAOXIAO HUIYI GUANLI

高效会议管理

如何召开高质量的会议

梁叶 黄加有▸著

SPM
南方出版传媒
广东经济出版社
·广州·

图书在版编目（CIP）数据

高效会议管理：如何召开高质量的会议／梁叶，黄加有著．—广州：广东经济出版社，2022.2
ISBN 978－7－5454－8139－6

Ⅰ．①高… Ⅱ．①梁… ②黄… Ⅲ．①会议－组织管理学 Ⅳ．①C931.47

中国版本图书馆 CIP 数据核字（2021）第 257315 号

责任编辑：蒋先润
责任技编：陆俊帆

高效会议管理：如何召开高质量的会议
GAOXIAO HUIYI GUANLI：RUHE ZHAOKAI GAOZHILIANG DE HUIYI

出版人	李　鹏
出　版 发　行	广东经济出版社（广州市环市东路水荫路 11 号 11～12 楼）
经　销	全国新华书店
印　刷	广东新华印刷有限公司南海分公司 （广东省佛山市南海区盐步河东中心路 23 号）
开　本	730 毫米×1020 毫米　1/16
印　张	17.5
字　数	220 千字
版　次	2022 年 2 月第 1 版
印　次	2022 年 2 月第 1 次
书　号	ISBN 978－7－5454－8139－6
定　价	48.00 元

图书营销中心地址：广州市环市东路水荫路 11 号 11 楼
电话：（020）87393830　　邮政编码：510075
如发现印装质量问题，影响阅读，请与本社联系
广东经济出版社常年法律顾问：胡志海律师

前言

PREFACE

给你想要的高效会议管理方法

会议是一种群体沟通方式，是指人们聚集在一起，围绕特定的主题进行讨论、交流的活动。对于团队运营来说，会议的意义更加重大。团队领导常常会采用开会的方式来布置、协调和研讨工作，以解决团队内存在的问题，从而提高团队的协作力，促进团队高效地运转。

会议的作用和价值不言而喻，但是有一些会议负责人却常常对开会这件事“进退两难”。他们希望可以通过会议去传递信息、协调工作、解决问题，但同时又害怕开会。他们害怕开会的原因主要有以下几点：

担心员工会产生“开会恐惧症”，一到开会时间就愁眉不展，无心倾听会议内容；

无法对会议议程进行有效控制，导致原本计划 1 个小时结束的会议开了 4 个小时；

在会议的讨论环节中，员工总是会因为意见不同而产生争执；

会后员工很难积极主动地落实会议决议；

……

以上这些问题是大多数会议负责人在召开会议时经常遇到的问题，这些问题往往导致会议最终沦为无效会议。这样的会议自然就没有组织的必要，但是不能因为存在这些问题就否定会议的价值。会议负责人必须积极面对这些问题，采取有效的策略和技巧去解决这些问题，从而凸显出会议的价值，使得每一场会议都是高质量、有价值的会议。

本书分为9章，运用贴合实际的案例及实操性较高的会议管理策略和技巧，详细、具体、系统地介绍了如何组织一场高效的会议。

第1章，实现高效会议的前提是明确会议中存在的问题，也就是要清楚“为什么你的会议冗长且无效”。本章结合一些贴近实际的案例，详细地阐述了导致会议冗长且无效的问题及相关原因。

第2章，掌握高效会议的特征是实现高效会议管理的关键点。本章从会议的议题和议程切入，具体、全面地阐述了实现高效会议的8个基本动作。

第3章，充足的准备是做好一切事情的前提，会前的充足准备也是召开高效会议的前提。本章从会议的准备工作切入，详细、具体地阐述了会议前的9项准备工作。

第4章，运营是高效会议的核心，只有做好会议运营，会议才能按照既定的流程顺利展开。本章结合实际案例，介绍了会议中的11个运营策略，以提高会议负责人的会议运营能力。

第5章，会议是一群人聚在一起围绕某一个主题展开沟通、交流，所以促进对话是实现高效会议必备的技能。本章主要介绍了有效且实操性较强的促进讨论的9个对话技巧，掌握这9个对话技巧可以帮助会议负责人营造讨论氛围，促进讨论深入、有序地进行。

第6章，所谓好的决策就是快速的决策，所以会议负责人应当学会掌握自己的决策权限，促进会议的相关决议快速形成。本章具体阐述了快速形成决议的8个决策技巧，旨在帮助会议负责人快速筛选意见，快速形成决议。

第7章，会议决议只有落到实处才能帮助团队解决实际问题，提升团队工作效率，而会议决议能落实的前提是与会人员具有较强的执行力。本章提供了会议后的6个执行策略，旨在提高与会人员的执行力，提升与会人员执行到底的决心，进一步促进会议决议快速有效地落地。

第8章，例会是常见的一种办公会议，可以用来部署、了解、检查、督促工作，是团队重要的管理形式和管理手段。本章系统、具体地介绍了如何召开30分钟的例会，能够让会议负责人有效地避免将30分钟的例会变成无效会议。

第9章，团队的日常工作中难免会遇到一些小问题需要通过会议及时解决，这个时候就需要召开一个15分钟的问题解决会议。本章系统、具体地介绍了如何召开15分钟的问题导向会议，帮助会议负责人快速地解决问题，将15分钟的利用价值最大化。

本书旨在帮助企业的领导者或一些创业小团队的管理者重新认识会议并掌握召开高效会议的策略和技巧。因此，如果你在召开会议的时候遇到问题不知如何处理，或者召开会议的效果不佳，那么请打开这本书，你一定可以从中找到解决问题的方案，使得你以后召开的每一场会议都是高效会议。

目 录

CONTENTS

第 1 章 为什么你的会议冗长且无效

冗长且无效的会议只会浪费团队的时间和精力，影响团队的工作效率，阻碍团队的发展。要想摆脱这种困境，就必须找到导致会议冗长且无效的问题和原因。

01 你的会议零效果吗

企业内常常会存在这样的对话场景：

“在忙什么呢？找你有点儿事。”

“忙着开会呢，有什么事一会儿再说。”

类似的对话几乎是很多企业成员的工作常态。在他们的工作时间里，有很大一部分的时间和精力都投入到了会议中。

无论是个体还是组织，在成长和发展过程中都离不开沟通，而会议就是企业内部沟通的一种重要方式。企业在日常信息的传递、经营发展战略的决策方面基本上都需要通过会议完成。所以，企业成员将一部分时间和精力投入到有效的会议中是十分必要的。但是，在大多数企业会议中，80% 的会议时间都是无效的，这样的会议被称为零效果会议，即没有实现决策、控制、协调和教育等功能的会议。零效果会议不仅耽误时间，耗费资源，还会严重降低企业的工作效率，甚至阻碍企业的发展。那么，怎样判断你的会议是不是零效果呢？

零效果会议主要有 3 个特点：只开会，无决议；有决议，不执行；有执行，无跟踪。如图 1 - 1 所示。

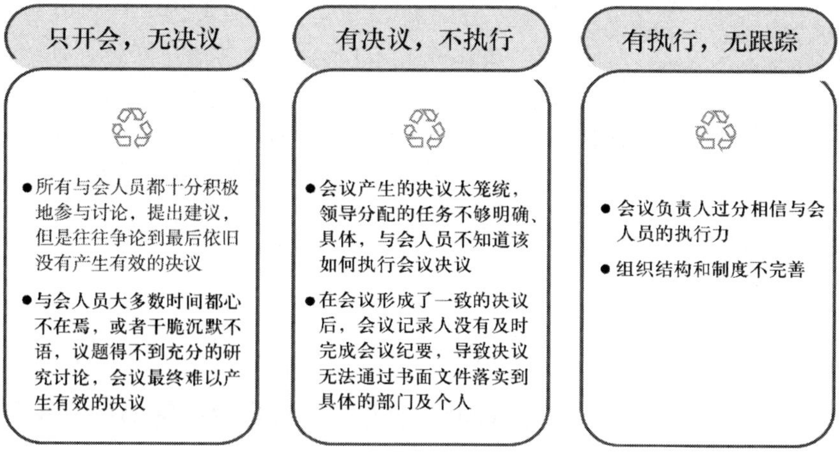

图1－1　零效果会议的3个特点

(1) 只开会，无决议

决议是指团队成员通过会议形成并要求贯彻执行的决定、决策等。团队会议的价值其实就在于此。如果只是召开会议而没有形成任何决议，那么就可以判定该次会议是零效果会议。

“只开会，无决议”的零效果会议具体表现为2种。

一是所有与会人员都十分积极地参与讨论，提出建议，但是往往争论到最后依旧没有产生有效的决议。让与会人员达成一致意见十分困难，这个过程往往需要经过十分激烈的讨论。虽然让与会人员积极参与讨论也是会议的价值所在，但是如果与会人员就一个议题争论不休，难以产生有效的决议，那么这种会议也就没有意义了。

二是与会人员大多数时间都心不在焉，或者干脆沉默不语，议题得不到充分的研究讨论，会议最终难以产生有效的决议。在这种情况下，会议中威望较高的人如领导、团队管理者等，通常会为了避免耽误时间而拍板决定。但是，这种由某个人独断式拍板决定的方式，往往容易打击其他与会人员的积极性，而且很可能由于拍板者个人的想法较片面而导致难以产生有效的决议。

（2）有决议，不执行

会议产生的决议如果不能被有效地落实，那么召开会议就只是“纸上谈兵”，这样的会议也只能是零效果会议。所以，“有决议、不执行”也是零效果会议的特点之一。

“有决议，不执行”的会议也存在2种情况。

一是会议产生的决议太笼统，领导分配的任务不够明确、具体，与会人员不知道该如何执行会议决议。会议决议产生后，如果没有将会议决议分解成明确、具体的工作任务传达给与会人员，与会人员不知道如何去执行就会造成“有决议，不执行”的问题出现。

二是在会议形成了一致的决议后，会议记录人没有及时完成会议纪要，导致决议无法通过书面文件落实到具体的部门及个人。会议纪要是指在会议记录的基础上经过加工、整理出来的一种记叙性和介绍性的文件，包括会议的基本情况、开会主题、形成的决议，便于上级领导或有关人员上传下达。如果没有会议纪要，那么要执行的会议决议很容易被遗忘，或者因为其他人员对会议内容、决议不清楚，无法配合工作而导致会议决议难以执行。

（3）有执行，无跟踪

会议决议执行的过程中难免会遇到各种问题，这些问题如果不能及时解决，就会影响执行的结果。所以，会议结束后如果不对决议的执行进行跟踪检查也会导致会议的效果大打折扣。

“有执行，无跟踪”的主要原因有以下2种。

一是会议负责人过分相信执行人员的执行力。会议负责人相信执行人员有能力完成任务并达到理想的效果，于是完全放手让执行人员去完成自己的工作。有效的管理一定是“有所为，有所不为”。即使执行人员可以独立完成任务，负责人也应该承担起跟踪检查的责任，及时了解决议的执行情况，确保执行结果和决议的目的一致。

二是组织结构和制度不完善。监督部门或会议负责人对决议的完成时间没有清晰的限定，并且没有安排专人负责跟进、监督会议决议的执行情况，这样最终难免会因为一些问题而导致会议决议无法顺利、有效地执行。

总的来说，有效的会议包含议论、决定、行动3个要素，缺一不可。会议负责人要想体现出会议的价值就要做到“会而有议、议而有决、决而有行”。

02 导致会议冗长且无效的 4 个问题

冗长且无效的会议不仅会浪费会议负责人及与会人员的时间和精力，还容易让员工产生抵触心理，降低员工的工作积极性。

办公室里，张军一边写着下个月的日程表，一边抱怨领导又在通知开会。

张军日程表里记录的是下个月需要参与的会议以及要完成的工作任务。下个月张军要参与的会议共有 8 个，而且很可能还会临时增加一些会议。除了会议外，张军需要负责完成 2 个工作项目。

每次会议召开时间都不低于 2 个小时，散会后张军还需要花费一点时间来消化会议的内容。关键问题是这些会议并不能帮助张军解决工作中的问题，顺利推进他的工作。冗长且无效的会议已经严重影响到了张军的正常工作。

久而久之，张军对工作的积极性逐渐减弱，甚至认为自己已不适合这份工作，产生了离职的念头。

为了避免张军这类的情况在团队中出现，会议负责人要做的就是避免召开冗长且无效的会议。如何避免呢？首先必须弄清楚导致会议冗长且无效的原因有哪些。

具体来说，导致会议冗长且无效的原因主要有 4 个，如图 1 – 2 所示。

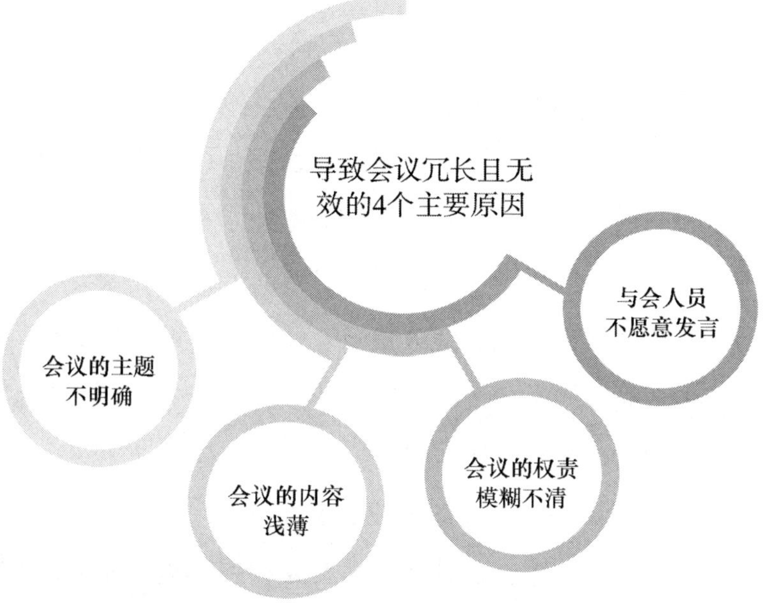

图1－2　导致会议冗长且无效的4个主要原因

（1）会议的主题不明确

有许多管理者总是希望召开一次会议就能够解决工作中遇到的所有问题。然而贪多嚼不烂，将所有问题的解决都集中到一个会议中造成的后果就是，会议的主题不明确，会议的目标不清晰，会议也因此变得冗长、低效。最终，无论是急需解决的紧迫问题或者对团队发展影响较大的关键问题，还是影响相对较小的问题，都无法得到及时解决，白白浪费了会议的时间。

（2）会议的内容浅薄

会议的内容浅薄主要表现在讨论的问题上。一般来说，会议的内容要围绕主题层层展开，沟通、解决团队工作中的一些关键问题、复杂问题。但是，在很多会议中却经常出现和主题关系不大的讨论。一旦会议上出现越来越多无意义、无价值的偏离主题的讨论，会议的内容就变得越来越浅薄。久而久之，需要解决的问题日积日累，会议也变得越来越多，但会议的效果却越来越差。

(3) 会议的权责模糊不清

权责清晰有助于会议有序、高效地进行。权责清晰是指会议中有清晰、明确的分工，如谁主持、谁提建议、谁有否决权、谁记录、谁执行、谁监督等方面的权责说明。权责清晰才能保障会议有条不紊地进行，能够产生决议并有人执行、监督，使得决议落地，达到会议既定的效果。

有些企业管理者喜欢以自我为主，在会议中滔滔不绝，甚至是整场会议的权责都在他一个人身上，其他人几乎没有发言的机会。这样看似在开会，实际上是管理者一个人在做决策。这也是导致会议冗长且无效的一个关键原因。

(4) 与会人员不愿意发言

不少与会人员不喜欢在会议上发言，他们对会议的态度往往是“重在参与”。这种与会人员不愿意发言的情况，也是导致会议无效的关键原因。

通常来说，与会人员不愿意发言的原因主要有以下3个。

一是会议负责人召集了许多与会议主题毫不相干的人员。因为与会议主题毫不相干，这些人员在会议中不但不会主动发言，甚至不会认真聆听他人发言，严重影响了会议的氛围和效果。

二是与会人员在参会前没有做好准备工作。没有做好准备工作一方面会导致与会人员对会议的内容不了解，所以不会轻易发言；另一方面会导致与会人员对问题的理解不够透彻，没有好的想法和意见，所以干脆缄默不语。

三是与会人员认为说了也没有用。也许在之前的会议中与会人员发表过一些建议，但是没有被采纳，甚至被领导驳斥了。这样一来，员工就会认为即便发言了也没有任何作用，于是干脆一言不发。

会议中没有人愿意发言，会议自然就会变得冗长且无效。

以上 4 个问题是导致会议冗长且无效的关键原因，会议负责人要提升会议效率首先就要解决这 4 个问题。当然，导致会议冗长且无效的问题或许远不止以上这些，这就需要会议负责人根据与会人员的实际情况寻找其中的原因，并积极解决问题，提升会议的效果。

03 这次会议真的需要开吗

会议负责人在召开会议之前要认真思考的问题是：这次会议真的需要开吗？这个问题探究的本质是会议的价值。有价值的会议才有召开的必要，否则就不必浪费时间和精力去召开会议。

一些会议负责人认为，召开会议就是简单地将员工聚集在一起。这件事的成本不大，想做就可以做，完全没有必要顾虑太多。但如果会议负责人仔细核算一下会议的各项成本，或许就会有新的认知。

会议成本是指与会人员花费在会议期间的时间价值以及会议经费开支的总和。对于会议成本的计算，有一个国际化的通用公式：

$$\text{会议成本} = 2S \times B \times T$$

S：与会人员每小时平均工资的 3 倍（因为员工的劳动产值一般比工资高出 3 倍左右，$2S$ 是指参加会议要中断经常性工作，损失要以两倍计算）。

B：与会人数。

T：会议时间（以小时计算）。

假设某次会议的与会人员每个小时的平均工资是 30 元，与会人数为 10 人，会议时间为 2 个小时，那么本次会议的成本计算如下：

$$\text{会议成本} = 2 \times 90 \times 10 \times 2 = 3600\ (\text{元})$$

这里假设的只是一次普通的小规模会议，如果是冗长的大型会议，那么会议成本基本在万元以上。所以，召开一次会议的成本有时候远超会议负责人的想象。

在明确了召开一次会议需要承担一定的成本后，会议负责人在组织会议之前就必须认真地问自己：这次会议真的需要开吗？对于那些没有必要召开的会议，一定要果断舍弃。

(1) 只为了传达简单信息的会议没有必要开

传达信息是会议的作用之一，但是如果只是很简单的信息，则不需要专门召开会议。例如，关于法定节假日放假的事宜。这样的信息只需要员工知晓即可，没有必须大费周章地组织一次会议传达。

开会一般都是为了解决团队的共性问题。如果召开的会议只是为了传达简单的信息，而没有太多要讨论的东西，那么就没有必要召开。在信息化时代，我们完全可以借助现代化信息技术工具来代替传统会议传递简单的信息，如团队微信群、在线办公软件等。

那么，如何判定哪些信息是简单的，不需要为此召开专门的会议呢？这类信息主要是指不会影响团队的发展、运转，不会阻碍团队成员推进下一步工作等方面的信息。例如，报告项目进度、发布决策和命令、告知具体事项等。这些信息我们可以直接以共享文档或者群发电子邮件的方式来传达，不仅快捷、方便，还有助于信息保存，随时查看。

(2) 没有充分准备的会议没有必要开

一些会议负责人没有养成在会议前做好充分准备的习惯，他们常常是想到关于某件事或者某个问题需要开会就立即将员工召集在一起，开一个临时会议，如“大家赶紧把手上的工作停下来，3分钟后到会议室，我们要开个会”。

在这种情况下，不仅会议负责人没有做好准备，与会人员也来不及做准备，只能硬着头皮上。最后会议上可能会出现以下情况：

会议负责人想到哪儿说到哪儿，其他与会人员却不知所云；

与会人员因为没有提前搜集相关资料，无法发表意见，只能沉默寡言；

因为大家都没有做好相关准备，所以会议中需要更多的时间讨论；

很难产生有效的会议决议。

由此可见，召开没有充分准备的会议，通常效果很不理想。

当然，不能排除因一些紧急、突发情况需要在毫无准备的情况下组织召开会议。但是，这样的情况并不多见。也就是说，除了一些特殊情况，如果没有充分准备就不要贸然组织开会。

(3) 主题不明确的会议没有必要开

导致会议效率低的很大一部分原因是会议的主题不明确。明确的会议主题一般会清楚地交代此次会议将要解决什么问题或达成什么目的，这也是会议的灵魂、方向。会议中的发言、讨论、总结都要围绕会议的主题展开。

明确的会议主题便于与会人员找准会议的关键点，并以此为基础进行准备工作，在会议上发表更有价值的观点。相反，主题不明确的会议很容易让会议上谈论的内容偏离会议的中心思想，脱离会议负责人的初衷和本意，也无法让与会人员做好准备，发表有价值的观点，产出有价值的会议决议。所以，如果会议负责人尚未明确会议的主题，那么暂时就不要组织召开会议。

总之，会议负责人在组织召开任何一次会议之前都要明白，会议产出的价值一定要大于会议所耗费的成本，这样的会议才有必要召开。当然，我们可能没有办法去预估每一场会议所带来的价值，我们所能做的就是减少不必要的会议，做好会前的准备，尽量降低会议成本，这样才能以最低的成本换取最大的价值。

04 开会只是进行信息共享吗

会议是共享信息的一种渠道，但是它的作用远不止于此。如果只是在会议中进行信息共享，那么将很难形成有效决议，推进团队工作，而且会导致会议的时间变得更加冗长。

月初，李强被公司提升为销售部经理。新官上任伊始，李强决定召集部门所有员工开会。会议开始，李强说道："召集大家来开会主要是想讨论以下3个问题，一是汇报你们上个月的业绩，二是收集各位对我的想法和要求，三是制订部门下个月的工作计划。"

员工听到议题后，面面相觑，不知道从何说起。沉默了一会儿后，大家才你一言我一语地开始汇报上个月的工作业绩。汇报业绩的时候，大家也是想到哪儿就说到哪儿，导致整个过程非常混乱。

业绩汇报结束后，大家并没有过多的阐述对李强的想法和要求。见状，李强便主动阐述了自己的一些想法，李强说："下个月我制订的部门工作计划是……"李强说了将近半个小时，大家只顾埋头记录，并没有参与讨论。会议结束后，大家都拿着记得满满当当的笔记本回到了工作岗位，但对接下来的工作方向仍然感觉很迷茫。

会议是团队内部沟通协调的重要工具。在会议过程中，会议负责人可以向与会人员传达指令或决策，实现信息共享。然而，随着网络信息技术的发展，信息共享的方式有很多种。换个角度来说，在信息化时代，会议不只是一个信息共享的渠道，其作用和价值应该要更大。如果还是依照过去的习惯，仅仅为了信息共享而召开会议，那就是在增加团队成本，降低会议价值。

（1）共享信息的渠道不再仅限于会议

由于通过会议方式可以集中、迅速且较有针对性地收集信息，所以以往会议负责人召开会议的目的大多都是进行信息共享。

但是，随着时代的发展和科技的进步，人们获取信息的渠道逐渐增多，信息共享的渠道已经不再局限于会议。团队要想实现信息共享可以利用现代科技通信工具，如在线办公软件、微信、QQ、电子邮件等，这种线上信息共享的方式更加简洁、高效。所以，如果只是简单的信息分享就没有必要召开会议。

（2）只进行信息共享会增加时间成本

在一些会议中，通常需要花费一半的时间介绍会议背景以及各方面的问题，尤其是当讨论的问题比较专业的时候，每个人都渴望将自己得到的信息在会议中分享给大家。在这个过程中，不知不觉就耗费了大量的会议时间，导致会议时间冗长。其实，类似的工作完全可以在会议之前去做，也就是在会议之前借助一些线上沟通工具共享信息，让与会人员可以更加系统、深入地了解与会议相关的信息，同时做好充分的准备。会议中只需要对共享信息进行概括、总结，确保与会人员都了解相关信息即可，然后便可以将更多的时间和精力用在会议讨论和制定解决问题的方案中。

（3）会议的最终目的是形成决议

在高效会议中，信息共享只是会议的基础内容，并不是会议的最终目的，任何高效会议的最终目的都是解决实际问题，形成有利于团队发展的决议。如果开会只是进行简单的信息共享将很难形成会议决议，会议也无法达到最终目的。

信息共享只是会议的一个基础内容，产生决策才是会议的最终目的。

不可否认的是，信息共享是必要的，如果没有大量准确的信息做铺垫，与会人员将很难展开思考，进而也无法形成有效的决议。但是也不能本末倒置，将信息共享视为会议的重点工作，而应当学会用更加便捷的方式进行信息共享，将节省出来的时间和精力用在讨论问题并形成最终的会议决议上。这样做才能使会议更加高效。

05 会议的决策权明确吗

会议的决策权不明确也是导致会议冗长且无效的主要原因之一。

某公司是家族企业，老板、老板娘，还有他们的2个儿子都在公司担任管理职务。因此，在会议中经常会出现决策权不明确的情况，4个管理者经常各执己见，争执不休。下属常常一时间不知道该听谁的，也不知道该如何展开接下来的工作。

这种情况就是会议中决策权不明确，分工不清导致的。

会议由谁主持、谁发言、谁做结论、谁负责追踪……这些内容如果不明确，会议就会陷入混乱，难以形成有效的决议。所以，明确会议的决策权也是打造高效会议的关键之一。具体来说，明确会议的决策权要做好2项重点工作，如图1－3所示。

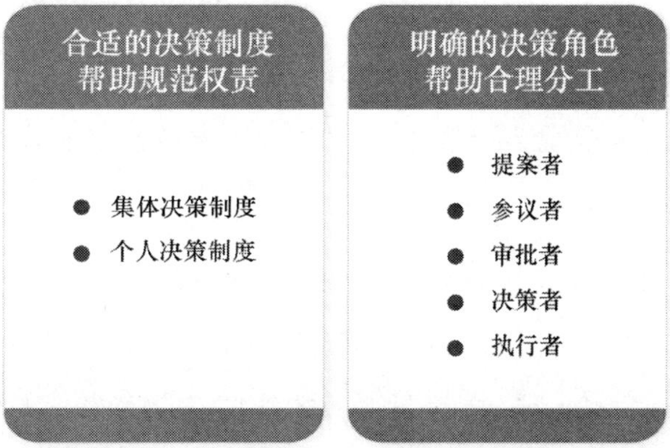

图1－3　明确会议决策权的2项重点工作

(1) 合适的决策制度帮助规范权责

会议决策制度能够规范会议程序，明确会议决策权，减少会议中的决策失误，提升会议效率。

团队会议决策制度通常有2种：集体决策制度和个人决策制度。

集体决策制度是指以所有与会人员都参与表决的方式进行决策。该决策制度一般适用于股东大会、中层管理者的例行会议，以及其他需要集思广益、慎重决策的会议。

集体决策制度要求与会人员能够充分表达观点，在会上通过举手或者书面表达的方式为形成最终决策提供参考意见，对团队的重大业务事项进行决议。该决策制度可以集中众人智慧，借助更多的信息和意见，形成有效的可行性方案。但因为要保证决策的可靠性和高效性，所以集体决策制度存在效率较低的可能。

个人决策制度是指由某个决策者以个人决定的方式，单独做出最终决策。该决策制度一般适用于团队内部临时会议、部门员工例会等不需要过多集体探讨的会议。

个人决策制度要求由决策者直接、迅速地处理团队内部的简单业务，解决日常工作中需要改进的问题。该决策制度简单且责任明确，但是对决策者的个人经验、知识和能力有一定的要求。

会议负责人要视会议的事项和内容来选择会议的决策制度。面对公司重大的事项方针和业务决策时，要集思广益，思虑周全，避免因个人视角偏差造成对决策的判断失误。在面对团队日常业务和突发事件时，则要采用较为简便的方式快速制定应对决策。

只有明确了会议的决策制度，才能厘清决策权，使会议高效、迅速地产生决策。

(2) 明确的决策角色帮助合理分工

会议不仅要有人做出决策，还必须明确由谁去具体负责和落实决策，即会议中每个决策都必须有明确的责任人，确定什么时候完成、什么时候以及由谁负责监督检查。

通常情况下，会议中要有以下5位拥有着不同决策权的角色。

提案者：承担提案者角色的人员要负责提出多项方案，整理意见以及提供做出决策所需要的相关信息和数据分析。

参议者：参议者是提供参考意见的人，是决策的参谋。提供意见的参议者需要参与决策的执行，所以其他角色都要认真考虑他们的意见。会议如果不让合适的参议者参与进来，对他们的意见置之不理，决策的执行效果就会大打折扣。

审批者：审批者对提案或者建议拥有否决权。行使否决权就意味着会引发与提案者或参议者之间的争论，要求对方修改提案或者建议。如果双方争执不下，这个问题就会被交给决策者。

决策者：拥有决策权的人是正式的决策制定者。无论决策好与坏，他们都对决策负有最终责任，并且有权打破决策过程中的僵局并让团队成员投入行动。

执行者：决策一旦形成，就需要有一个人或者一群人负责执行。在某些情况下，负责执行决策的人就是那些提案者和参议者。

总之，会议负责人不仅要制定明确的会议决策制度，还要对与会人员进行角色分工，明确各自的权责。各个角色都处于统一的会议制度规范下，会议才能有条不紊地进行，达到良好的会议效果，并产生最佳决议。

06 一定要达到 100% 满意才能形成决议吗

会议形成决议的方式中有一种叫作“无异议一致通过式决议”，是指与会人员对形成的决议没有任何异议，一致通过。简单地说，就是达到与会人员 100% 同意的时候才能形成决议。

“无异议一致通过式决议”能够提升决议的执行效率，不会使责任人背负太大的压力。但是，这种形成决议的方式也存在不足之处，主要有以下 2 点。

一是与会人员的想法不同，很难形成让所有人都 100% 满意的决议，尤其是人数众多的大型会议，基本不可能形成让与会人员 100% 满意的决议。

二是要想形成让所有人都 100% 满意的决议需要花费一定的时间和精力，因为会议负责人要就不同的决议同与会人员进行深入沟通，说服他们认同决议。这是一项比较艰巨的工作，付出的成本较大。

一般来说，在政治会议中应用这种达成决议的方式比较多，尤其是关乎国家间利益的问题。但是，在企业中如果采用这种达成决议的方式，就会浪费企业的大量时间和精力，增加会议成本，这是追求效益的企业无法承担的。

所以，为了避免会议冗长且无效，团队在召开会议的时候不必采用“无异议一致通过式决议”的方式来形成决议。也就是说，不一定要达到100%满意才形成决议。

一般来说，企业会议中常用的形成决议方式有以下3种，如表1－1所示。

表1－1 企业会议中常用的决议方式

决议的方式	优势	弊端
权威式决议	短时间内产生会议决议； 减少浪费的时间； 提高会议效率	与会人员发挥的作用不大； 降低与会人员参与的积极性
少数服从多数式决议	能够在短时间内集中民意，迅速达成一致意见； 有效提高会议效率	有可能出现多数人一致对少数人，长期实施专制的倾向； 少数人也会因为自己的权利被忽视，而感到内心不平衡； 很容易打破内部和谐，导致会议决议无法有效实施
强势少数式决议	能够提供较为完善的方案，并得到与会人员的一致认可	方案未经过具体、详细的讨论与分析，不排除其中存在一些细节上的问题； 如果在执行决议的过程中遇到问题，其他与会人员很可能会将责任都归咎于强势的小团队

(1) 权威式决议

权威式决议是在企业中应用较为普遍的一种形成决议的方式。所谓的权威式决议，是指由会议中威望最高、影响力最大的人拍板做决定，形成最终决议。通常情况下，团队管理者会扮演这样的角色。

权威式决议的优势在于能够在短时间内产生会议决议，减少时间浪费，提高会议效率。当然，这种形成决议的方式也存在一定的弊端，主要体现在与会人员发挥的作用不大，会降低他们参与的积极性。因为在与会人员看来，会议决议是由管理者一个人决定的，他们即便发表自己的想法和意见也不会被采纳，所以干脆不再发表意见。决议形成后与会人员也只会按照管理者的指示，按部就班地执行决议，并不会表现出主动性和积极性，导致会议决议的执行力度不够，无法深入有效落到实处。

（2）少数服从多数式决议

少数服从多数式决议是指某一个决议若获得逾半数投票支持则会通过，其他少数人也必须服从执行。少数服从多数式决议被广泛应用于员工层级，举手表决或投票都为其具体的表现形式。这种达成决议的方式优势在于全体与会人员都能够参与其中，能够在短时间内集中民意，迅速达成一致意见，可有效提高会议效率。

但是采取这种方式形成决议也有可能出现多数人一致对少数人长期实施专制的倾向。少数人也会因为自己的权利被忽视，而感到内心不平衡。这些问题很容易打破内部和谐，导致会议决议无法得到有效实施，甚至会严重降低团队的工作效率。

（3）强势少数式决议

某些时候也会出现人数较少的团队掌握着决策权的局面。这种少数人团队在会议之前会做充分的准备工作，能够找到权威性的资料来证明自己的观点，得出更加科学、合理、可执行的决议。因此，他们在会议中的表现会比较强势，这种自信、强势的状态，很容易占据会议上风，使其他与会人员不得不支持并认可他们提出的决议。

这种形成会议决议方式的优势在于能够提供较为完善的方案，并得到与会人员的快速认可。其不足之处在于，方案未经过具体、详细的讨论与分析，不排除其中存在一些细节上的问题。如果在执行决议的过程中遇到问题，其他与会人员很可能会将责任都归咎于强势的小团队。这样也会影响团队内部和谐，阻碍决议有效执行，影响团队工作效率。

总的来说，会议中达到100%满意的决议是极少出现的，绝大多数的企业会议都是采取权威式决议、少数服从多数式决议、强势少数式决议形式。这3种决议形式各有利弊，会议负责人要根据会议的性质及其他相关情况选择合适的决议形式，以提高形成会议决议的效率。

07 例行会议只是例行公事吗

例行会议是指根据一定的惯例，按照一定期限举行一次的会议，一般简称“例会”。例会的召开一般时间较短，周期较固定，所讨论的内容大体一致，与会人数较少且较稳定。因为大部分例会都较稳定且模式化，所以很容易导致与会人员疲于参加例会，慢慢地，例会就演变成为日常的例行公事。

李伟是一家游戏开发公司的项目经理，每个周一早上他都会雷打不动地召开周例会。例会上，李伟会首先安排团队的所有成员对上周的工作进行总结、概述；其次会与员工一起共同探讨工作中遇到的问题，寻找解决方案；最后会安排本周的工作任务。

相同的内容，周而复始的例会，让李伟和他的团队成员逐渐感到厌倦和枯燥。久而久之，开例会似乎成了例行公事。例会经常一开就是 1 个多小时，但是不解决任何问题，团队成员开始漫不经心，甚至对例会颇有微辞。

例会因为其周期性、简单性以及内容的相似性等特点，很容易让人产生厌倦和疲惫感，最终导致例会沦为例行公事。既然如此，例会是不是就没有召开的必要呢？当然不是，例会在团队管理、企业发展中有着不可忽视的作用。

一般来说，召开例会主要有 5 个目的。

一是为了促进团队内部的沟通，及时联络感情；

二是利用会议的机会，让员工各自发表意见，集思广益，提出能够有效提升团队工作效率的建议并形成决议；

三是反馈市场和团队内部存在的问题，及时预防和改进问题；

四是公布团队近阶段的目标和近期目标进度情况，提高团队执行效率；

五是协调团队内部的工作方法、工作进度、人员及设备的调配。

简而言之，例会能够有效促进团队沟通，提高团队执行力。如果因为例会模式化，沦为例行公事就停止召开，可能会得不偿失。所以，当例行会议演变成例行公事的时候，会议负责人应当思考的问题不是立即终止例行会议，而是找到策略和方法，避免例行会议变成例行公事。

为了有效避免例行会议沦为例行公事，建议会议负责人做好以下4件事。

（1）明确每次例会的目的

例会想要取得效果就必须在召开会议之前明确会议的目的。只有明确了会议的目的，与会人员才能知道每次例会的重点，避免出现每次例会都是重复讨论同样问题的情况。

为此，会议负责人在召开例行会议之前可先在内心问问自己“我想通过这次的会议解决什么问题或者达成什么目的”。这个问题的答案就是本次例会需要重点讨论的问题。

（2）召开例会前做好充分的准备

在召开例会之前，会议负责人要根据本次例会的目标去搜集、整理相关资料和信息，做好充分的准备工作。

(3) 做好例会记录

有些会议负责人和与会人员认为，例会都是千篇一律，没什么需要重点记录的事情，所以他们很少会做例会记录。事实上，即使是最简单的例会也要做好会议纪要、会后总结、结论提炼等工作，既便于会后查阅，也便于用来指导以后的执行工作，落实会议的成果。

最重要的是，认真记录会议内容有助于与会人员全心投入例会，进而大大提升例会的效果，避免例会变成只是例行公事，走走过场。

(4) 明确例会的结束时间

例会变成只是例行公事的很大一部分原因是一些会议负责人在例会之前没有明确会议结束的时间，导致会议中出现闲聊、无意义争执等浪费时间的情况，与会人员因此觉得例会浪费了自己大量的工作时间。所以，在例会开始之前就明确会议的结束时间是非常有必要的。严格按照安排好的顺序和时间对例会的主题进行讨论，在规定时间内结束会议，不但可以有效提高例会的效率，还会提升与会人员对例会的认同感。

所以，会议负责人在组织例会的时候就要明确告知所有与会人员本次例会的结束时间，引导与会人员在规定时间内更加高效地解决问题，形成会议决议。如果遇到难以解决的问题，需要更多的时间讨论，那么可以另行安排专题会议，并向上级或资深员工咨询。

企业的例会系统应该是系统的、相互联系的、相互监督的。虽然看上去比较呆板，但是不同的企业、不同的文化，召开例会的方法和模式都不尽相同，产生的作用也大小不一。召开例会不是为了走会议的形式，也不是为了要完成任务，其根本目的是解决实际问题，达成目标。所以，会议负责人要避免例行会议沦为例行公事，确保例会的价值，推动团队的执行。

第2章 高效会议的8个基本动作

高效会议是指能够帮助团队解决实际问题、达成共识，输出结果以推进后续工作的效能高、效率高的会议。会议负责人要想打造高效会议，首先必须掌握高效会议的8个基本动作。

01 确定会议议题和议程

高效会议必定有明确的会议议题和议程。会议议题是指会议所讨论的核心内容、中心问题。会议议程是指召开会议的程序，会议的内容会按照此程序展开。明确的会议议题和结构清晰的会议议程，能够使会议围绕核心，按照既定流程顺利地进行下去。相反，如果没有确定会议议题和议程，那么很容易导致会议因为没有核心和明确的方向而无法顺利推进。

所以，打造高效会议的第一个基本动作是确定会议议题和议程。

（1）会前确定会议议题和议程

确定会议议题和议程的工作应当在会议之前进行，这样才能确保会议一开始就能围绕主题和既定的流程展开，也能有效提升会议的效果。

会议议题和议程一般由会议负责人决定。在确定会议议题的时候，会议负责人应注意以下 3 点。

第一，会议议题一定要具有科学性、合理性、针对性，这样才能达到开会的意图。

第二，议题应符合会议性质，不能超出会议性质。例如，如果召开的是团队例行会议，那么议题应围绕团队的日常工作内容确定，而不是围绕公司的发展方向确定。

第三，会议议题不宜太多，议题太多容易出现方向混乱、讨论不充分、降低会议效果等问题。通常来说，小型会议的议题最好只有 1 个，大型会议的议题最好不要超过 3 个。

明确会议议题后便可以根据议题制定会议议程。会议议程一般包含会议时间、会议地点、与会人员、有关要求等内容。会议负责人应根据会议的具体性质和实际情况制定会议议程。确定会议议程应注意议程的结构简洁、清晰，这样更加利于顺利地开展会议。

（2）根据重要性调整议题、优化议程

为了能够使会议顺利地进行下去，并达成期待的会议效果，应当将较为重要的议题或者能够引发与会人员讨论的问题放在最前面进行。这样可以充分调动与会人员的积极性和热情，进而才能形成有效的决议，帮助团队解决实际问题。

同理，如果议题对团队接下来的工作影响不大，甚至可有可无，那么就要适当减少该议题的讨论时间，或者直接删除议题。当然，具体应根据会议的时间和实际情况而定。总之，要突出重要议题，解决关键、紧要的问题，这样才能凸显会议价值。

所以，根据重要性调整议题、优化议程也是一件非常重要的事情，应在初步确定议题和议程后，再花一定的时间和精力，调整议题、优化议程，以使会议价值最大化。

（3）严格按照议题和既定议程召开会议

确定会议的议题和议程后应通知与会人员，确保他们可以提前做好相关准备，提升会议效率。除此之外，会议负责人要注意的是，确定最终的会议议题和会议议程后，就应当严格围绕议题，按照既定议程召开会议。否则，确定会议议题和议程就成了一件没有意义的事情。

但不可避免的是，会议进行中可能会出现一些突发情况导致会议无法按照既定流程顺利进行下去。这是考验会议负责人应变能力的时候。会议负责人应保持沉着冷静，在原议程的基础上，对议程进行适当的调整。这里要强调的是，如果不是必须要终止会议才能解决的问题，那么只要在原议程的基础上做适当的调整即可。这样才能确保会议的方向依然正确，有望达成期望的会议的效果。

会议的议题和议程其实就是在告诉与会人员，本场会议将按照什么样的流程去解决什么问题。问题越明确，流程越清晰，与会人员就越能参与其中并积极讨论，进而越利于达成期望的会议效果，体现会议的价值。

02 明确会议结束的条件

会议什么时候可以结束？在一些会议负责人看来这个问题很简单，时间到了自然可以结束会议。

销售部经理赵总在例会开始的时候说道："最近客户投诉频繁，反映我们的产品存在质量问题，对此你们有什么想说的吗？"

员工开始议论纷纷。

"客户故意找碴，我认为产品质量没有什么问题。"

"可能存在一点点质量问题，但是真的不至于为这点事儿投诉。"

"质量的事情跟我们销售部门关系不大，应该让产品研发部门好好反思这个问题才对。"

……

见大家争论不休，赵总说道："好了，你们的想法我了解了。"然后他看了看手机说："今天的会议暂时就到这里，已经 1 个小时了，你们回去再想想吧。"

赵总开会的最初目的是找出客户所投诉的问题以及找到问题的解决方案，但是因为到了规定的时间便草草结束了。这种只是传达问题，进行一番简单的讨论却没有得出最终解决方案的会议是毫无价值的。也就是说，这 1 个小时只是在做无用功。

所以，高效的会议从来不会以截止时间为会议结束的条件。因为会议的目的是解决问题、达成共识，因此，会议负责人在召开会议之前应明确会议结束的条件，即会议要达成什么样的共识。

不同的会议其要达成的共识不同，所以会议负责人需要根据会议的性质及实际情况确定会议要达成的共识。

通常来说，会议可以大致划分为 3 类，即决定性会议、集思性会议、共享性会议。会议负责人可根据会议的性质判断会议属于哪一类，然后据此明确会议要达成的目标，即会议在什么条件下结束，如表 2－1 所示。

表 2－1　不同类型会议的结束条件

会议性质	结束条件
决定性会议	一旦决议和决定产生，就可以结束会议
集思性会议	当与会人员都积极参与讨论，发表自己的想法后，会议其实就可以结束
共享性会议	所有信息传达完毕后便可以结束会议

(1) 决定性会议结束的条件

决定性会议以形成决议和决定作为会议的重点，是与会人员经过讨论、协商就议题形成一致意见，或者形成某个决议或决定的会议。也就是说，只要与会人员经过讨论、协商，达成一致意见，确定了最终的决议或决定就可以结束会议。

例如，会议要达成的结果是在 A 方案和 B 方案中选出一个更加适合新产品的营销方案。如果最终协商结果是选择 B 方案，那么确定 B 方案后便可以结束会议。反之，如果无法做出决定，那么就不能草草结束会议。

（2）**集思性会议结束的条件**

集思性会议是指围绕会议主题，激发与会人员的创造性、改革性思想而召开的会议。这类会议通常是临时的、非正式的，会议要达到的目标是与会人员思想上有质的飞跃。

在集思性会议中，与会人员可以畅所欲言，大胆发表自己的观点和想法。通常来说，为了确保集思性会议的效果，应要求与会人员每个人发表2～3个比较有创意的观点和想法。当与会人员都积极参与讨论，发表自己的想法后，会议其实就可以结束了。因为这类会议的目的是活跃与会人员的思维，让其可以采用更加有创意的想法去执行工作任务。

（3）**共享性会议结束的条件**

共享性会议是指将工作内容、领导者的理念、任务、意愿等信息传达给与会人员的会议，常见的有项目进度报告会、周例会等。

共享性会议的内容比较简单，各相关人员将自己负责的工作内容或相关信息准确传达给与会人员即可。所有信息传达完毕后便可以结束会议。如果会议过程顺利，在会议预定的结束时间前就已经达到了信息共享，那么会议就可以提前结束了。但是，如果会议进行得不顺利，没有按时完成既定任务，就要与上级沟通，是否可以延长会议或者采用其他的方法来完成会议中未完成的任务，根据时机选择合适的方式来结束会议。

不过，随着信息技术的发展，信息共享的方式越来越多样、便捷，所以共享性会议的价值逐渐弱化，如果不是非常重要、复杂的信息共享，就不必再浪费时间专门召开一次会议。

不同的会议要达成的目标不同，但是无论什么性质的会议，最终目的都是要达成目标。只有达成期望的目标，会议才能解决实际问题，创造价值。

03 做好会议时间的分配

合理地分配会议时间能够有效提升会议效率。因为在时间分配合理的会议中，与会人员可以将时间和精力合理地分配在不同的环节，使得会议价值最大化，达到理想的会议效果。

所以，高效会议的第三个基本动作是做好会议时间的分配，如表2－2所示。

表2－2　做好会议时间的分配

做好会议时间的分配	
明确会议开始和结束的时间	一般会议时长在1个小时左右，大型会议的时长也不宜超过2个小时； 建议召开会议的时间定在上午9～10点，或者下午2～4点
控制与会人员发言的时间	在与会人员发言前就明确告知他们发言时间，如每位员工有3分钟的发言时间，或者所有员工的自由发言时间为15分钟； 在与会人员发言远远超出预定时间的时候要巧妙地打断
留出交流和讨论的时间	假设会议的时长为90分钟，那么至少要留30分钟的时间供与会人员交流、讨论； 一旦发现话题偏离会议主题就要及时纠正
科学地拟定会议休息的时间	如果会议的时长在1个小时左右，建议每隔30分钟休息5分钟； 如果会议时长在2个小时左右，建议每隔45分钟休息10分钟

注：具体时间安排根据会议性质及具体情况而定。

(1) 明确会议开始和结束的时间

会议既要有明确的开始时间，也要有明确的结束时间。明确的开始时间和结束时间是做好会议时间分配的前提。

很多会议负责人喜欢按照自己的主观意愿选择会议的开始时间和结束时间，这样很容易打乱与会人员的工作计划，影响与会人员的工作效率。所以，确定会议开始时间和结束时间主要目的是让与会人员可以提前安排好自己的工作时间，既为会议留出时间，又不影响自己的工作进度。

会议的时长要根据会议的性质进行确定，一般会议时长在 1 个小时左右，大型会议的时长也不宜超过 2 个小时。时间过长容易消耗员工的积极性，导致会议冗长且无效。

此外，召开会议的时间还应根据员工的工作状态及情绪状态来确定。据相关研究表明，员工在刚上班以及午休结束后的工作状态和情绪状态都比较好，思维较活跃，精神状态较饱满，所以建议召开会议的时间定在上午 9～10 点，或者下午 2～4 点。

(2) 控制与会人员发言的时间

每场会议都有会议负责人和与会人员的个人发言时间。由于会议时间有限，会议负责人应严格控制每一位发言人的发言时间。

首先，在与会人员发言前就明确告知他们发言时间。

例如，告知与会人员“每个人有 3 分钟的发言时间”或者“接下来的 15 分钟是自由发言时间”。

其次，在与会人员发言远远超出预定时间的时候巧妙地打断。

例如，与会人员说“所以我的观点与他的观点不同……”这说明他的观点已经表述清楚了，这个时候会议负责人就可以说“对的，每个人的观点都不同，谢谢你分享的观点，下面我们有请××分享一下他的观点”。

这样既不会让发言人感到被冒犯，还能成功地控制时间，顺利推进会议议程。

（3）留出交流和讨论的时间

会议中的交流和讨论是非常重要的一个环节，决定了会议能否产生结果。只有时间充足，与会人员才能围绕议题进行深入、充分的讨论，发表比较有创意的想法、建设性的意见，进而才能产生有效决议，帮助团队解决实际问题。所以，这个环节分配的时间应相对多一点。

假设会议的时长为90分钟，那么至少要留30分钟的时间供与会人员交流、讨论。但是也要注意，在交流和讨论环节比较容易出现跑题和争议的现象，从而导致该环节的时间无限延长。为此，会议负责人要时刻关注与会人员讨论的话题，一旦发现话题偏离主题就要及时纠正。

（4）科学地拟定会议休息的时间

人的精力和注意力是有限的，会议持续的时间过长会导致人的精力和注意力明显下降，表现为犯困、走神。在这种精神状态下与会人员自然无法获取有效信息，进而无法让会议高效召开。所以，会议负责人在安排会议的召开时间时，还应当科学地拟定会议期间的休息时间。

如果会议时长在1个小时左右，建议每隔30分钟休息5分钟；如果会议时长在2个小时左右，建议每隔45分钟休息10分钟。当然，具体如何安排休息时间需要根据会议的具体议程而定，但是必须确保会议中有休息时间，避免因为会议时间过长导致与会人员注意力难以集中，进而影响会议效果。

提高会议效率的方法有很多，做好会议的时间分配就是其中一个十分有效的方法。合理的时间分配能够让会议更顺利地进行，也能够使与会人员在会议中保持较好的状态，进而使得会议的价值最大化。所以，会议负责人一定要做好会议时间的分配。

04 使讨论的内容可视化

常见会议讨论内容的呈现形式是会议负责人按照议程口述。这种方式很容易让与会人员对会议内容失去兴趣，产生疲倦感，进而导致会议低效甚至无效。所以，使会议讨论的内容可视化也是高效会议的基本要素之一。

这里的可视化是指利用图表、白板、文稿演示工具（如 PPT）或视频等方式，将讨论的内容呈现出来，让与会人员不仅听得见，还看得见。这种更加形象具体的内容呈现方式，能够有效激发与会人员的兴趣，使他们能够更加积极地投入到会议讨论中，进而促进会议高效地进行。

（1）图表呈现

图表是指可以直观地展示会议内容中的信息，能够使与会人员对信息的直观感受更加深刻的图形结构，是使会议讨论的内容可视化的一种工具。

通常来说，如果会议内容中涉及以下 2 个要素，那么便可以采用图表的形式呈现。

一是数据。以口述的方式表达数据，很难让与会人员记忆和理解，而采用可视化图表展现数据的效果就不一样，它能够让与会人员更加直观地理解数据的信息。如不同部门的绩效数据可以用一张柱状图进行对比呈现，如图 2－1 所示。

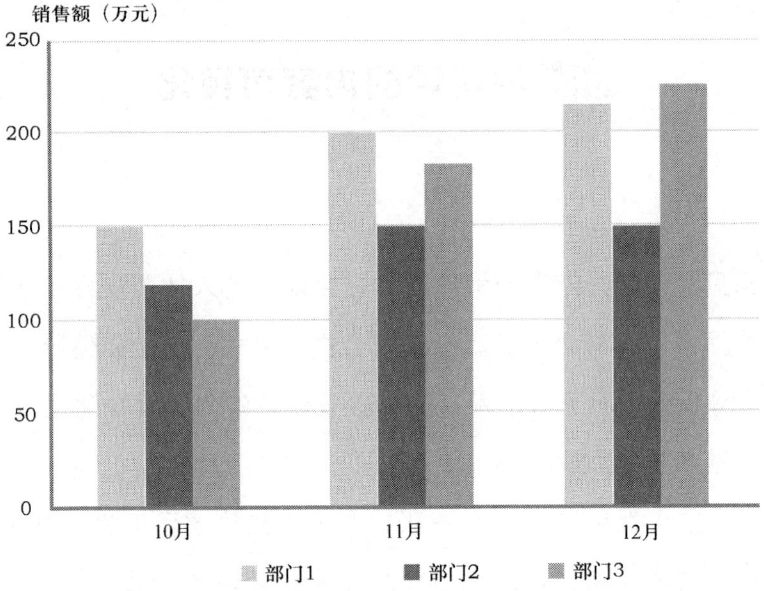

图 2－1　柱状图示例

呈现数据除了可以用柱状图，还可以用饼状图、条形图、面积图等。

例如，用于显示所统计内容占总量的比例时可以用饼状图；用于表示离散型数据资料，即计数数据时可以使用条形图；用于强调数量随时间而变化的程度时可以使用面积图。

具体使用哪种形式的图表呈现数据内容，需要根据数据的性质及会议负责人想通过数据表达的观点而定。

二是内容结构之间存在一定的逻辑关系。内容结构之间可能存在的逻辑关系包括递进关系、演绎关系、并列关系等。例如，会议议程的各项内容之间属于递进关系，那么可以使用一张流程图呈现会议议程，如图 2－2 所示。

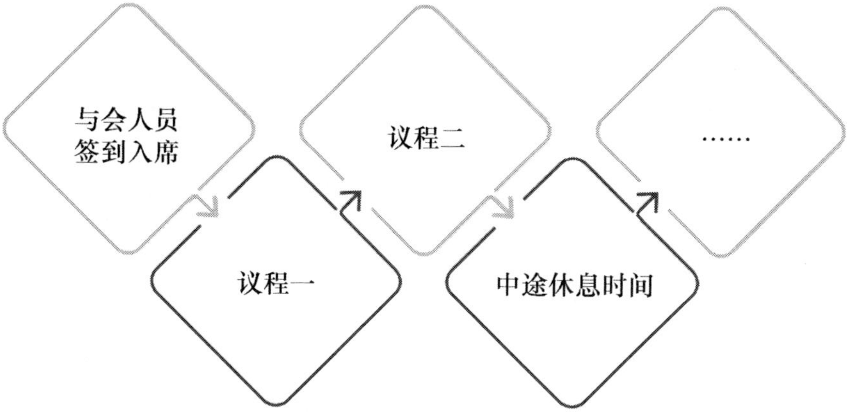

图2－2　流程图示例

除了流程图，也可以用循环图、层次结构图、关系图、矩阵图等。

例如，表示阶段、任务或事件的连续序列时可以使用循环图；用于显示组织中的分层信息或上下级关系时可以使用层次结构图；用于比较或显示两个观点之间的关系时可以使用关系图；用于以象限的方式显示部分与整体的关系时可以使用矩阵图。

具体使用哪一种图表呈现内容的结构，需要根据内容结构的具体逻辑关系以及会议负责人想通过内容表达的观点而定。

通过图表的形式呈现内容能够有效辅助与会人员快速处理信息，理解信息，接收信息。只有与会人员接收到信息，讨论才能有效进行，才能产出有效的会议决议。所以，如果内容可以用图表的形式呈现，那么就要尽量用图表的形式呈现。

但要注意的是，图表的作用是为了辅助与会人员接收信息，而不是为了展现自己的专业技能。简单地说，图表不能设计得过于复杂、专业，应当使用简单的、利于与会人员理解的图表呈现内容，这样才能凸显可视化图表的意义和价值。

(2) 白板呈现

白板是指白色金属板材制成的书写平面，是一种办公用品，也是可以使会议讨论内容可视化的一种工具。

在传统会议上，与会人员习惯记录对自己有利或相关的内容，与自己相关度不大的内容，与会人员会自动忽略。这样会导致每个人记录的重点内容不一致，以及得出的会议决议不一致。利用白板呈现内容则可以有效避免会议中出现类似的问题。

具体来说，白板在呈现会议讨论的内容中主要有以下4个作用。

一是突出核心内容。会议负责人可以将会议的重点内容、关键词等记录在白板上，如会议的主题。这样才能引导与会人员围绕核心内容、关键词展开讨论，能够有效避免偏离会议方向的问题出现。

二是展示内容的结构关系。前面我们提到可以用图表呈现内容，但是图表也需要借助一定的工具呈现，白板就是一个很好的呈现图表的工具。会议负责人可以借助白板呈现图表，使得与会人员可以更加直观地接收信息，提高信息的传递效率。

三是可以实时记录一些有创意的想法。在与会人员讨论的时候，会议负责人可以在白板上适时记录他们提出的较有创意的想法。这样做既可以避免遗忘一些有创意的想法，又能够表达对与会人员讨论结果的尊重，还可以进一步激发与会人员讨论的积极性。

四是引导与会人员按照既定的会议议程推进会议。管理者可以将会议议程呈现在白板上，每进行到一个环节就在白板上标记并记录相关信息，这样更有利于按照既定的会议议程推进会议。而且会议结束后，还可以利用白板上记录的议程和相关信息对会议进行回顾、复盘，巩固与会人员对会议内容的印象，突出会议价值。

(3) PPT 呈现

PPT 是文稿演示工具，也是工作中较为常见的可以使内容可视化的一种工具。

越来越多的会议负责人在开会的时候会使用 PPT 演示会议内容，因为 PPT 能够让会议内容更加清晰明了地呈现在与会人员面前，让与会人员能够轻松地了解会议的内容。

但是，PPT 并不是将会议内容进行简单堆砌，制作一份高质量的能够对会议起到良好辅助作用的 PPT 应掌握以下 3 个技巧。

运用不同的素材。在制作 PPT 时，如果整页都是文字，很容易让与会人员感到索然无味，无法有效接收 PPT 上传递的信息。因此，制作 PPT 时要适当减少文字内容，尽量使用图片、图表、动画等方式呈现会议的内容，在增加与会人员兴趣的同时，也能够让 PPT 的内容看起来清晰易懂，提高信息的传递效率。

控制 PPT 的篇幅。一些会议负责人在制作 PPT 时，为了向与会人员展示自己的能力以及自己对会议内容的深入研究，制作的 PPT 篇幅过多。但高质量的 PPT 要求简短而精练。因为如果 PPT 的篇幅过多则很容易让与会人员产生疲惫感，不利于传达信息。所以，PPT 的篇幅不宜过长，具体篇幅应根据会议性质、会议内容以及会议时长而定。

PPT 要内容逻辑清晰，紧扣主题。高质量的 PPT 里所呈现的内容一定是逻辑清晰、紧扣主题的。所以，会议负责人在制作 PPT 时应明确会议主题，并围绕主题有逻辑地展开制作。

除了以上几点外，会议负责人要想制作出高质量的 PPT，还可以通过书本或网络去搜寻相关资料，进一步学习 PPT 的制作技巧及相关注意事项。

实际上，除了会议负责人需要在会前准备好 PPT 外，也可以建议与会人员如果有非常创意的想法时制作 PPT，通过可视化的方式呈现内容，以进一步提升会议效率。

(4) **视频呈现**

相比于单一的文字、图片、声音等使内容可视化的方式，视频更加能吸引与会人员，使他们更愿意去了解信息并接收信息。所以，会议负责人还应当学会使用视频这种辅助工具让讨论的内容可视化。

但是，并不是说会议负责人要通过视频的方式呈现全部的会议内容，这样反而会降低面对面讨论会议的效果，所以只能用视频呈现部分内容。

通常来说，会议中涉及一些经典案例时可以用视频的形式来呈现，让与会人员可以直观、深刻地观察到案例中的可取之处或者不足之处，也能够有效激发他们的讨论热情。

会议内容可视化的本质其实是通过一些可视化工具，全方面提升与会人员的会议体验。与会人员对会议的体验感越好，他们便越能投入到会议中，积极参与会议的讨论，才有可能激发更加有创意的想法，提出更加有价值的会议决议。

05 提出自己的主张

会议主张是指会议负责人对会议议题的一些观点、建议、想法等。会议负责人明确提出自己的主张，一方面可以让与会人员知道自己在这方面进行了深入的研究，增加与会人员对自己的信任以及对本次会议的重视；另一方面可以为与会人员讨论提供一个参考方向，使与会人员可以更好地参与到会议内容的讨论中，进而促使会议可以达到期望的效果。

王灿近来感觉团队管理中存在一些漏洞，极大地降低了团队的工作效率，他深入调查之后发现，工作效率降低的原因是员工对工作中遇到的问题没有及时反馈，导致很多问题遗留在工作中。于是，他决定召集团队成员开一次会议，讨论一下如何及时反馈工作中遇到的问题。

会议开始后，王灿问道："你们有没有感觉到团队最近的工作效率降低了？对此你们有没有什么想说的？"

"我不认为工作效率降低了，最近都是按照正常进度推进工作啊。"

"可能是因为最近的项目比较难，所以导致大家的状态不是很积极。"

……

大家阐述完毕后，王灿发现，大家的意见和此次会议想要讨论的问题并无多大关系。

王灿的这次会议之所以偏离会议讨论重点的原因是他没有明确提出自己的主张。如果王灿在会议开始的时候说："团队的工作效率降低了，结合大家平时的工作情况来看，我认为主要原因是大家在工作中遇到问题时反馈不积极，导致很多问题遗留在工作中，降低了工作效率。对此你们的看法是什么?"当王灿明确提出自己的主张，与会人员便会围绕该主张展开思考、集中讨论，也就不会出现偏离会议重点的讨论方向。所以，会议负责人在会议前明确自己的主张是一件十分重要的事情。

一般来说，会议负责人最好通过会议提案的方式表达自己的主张。一方面，制订会议提案是一个思考、整理自己主张的过程，有助于会议负责人对自己的主张进行一次深度、系统的审视，并形成最终的提案。另一方面，系统、完整的会议提案也更有助于与会人员快速接收、理解相关信息，缩短思考、讨论的时间，进而可以提升会议效率。

一般来说，会议提案包括 4 个部分：提案人、案名、案由和提案内容。

(1) 提案人

提案人，即提案部门或者单位的名称、个人姓名。例如，市场销售部张某某、人事行政部李某。

(2) 案名

案名，即提案的标题。提案的案名如同文章的标题，应简明扼要，点明提案的主题。例如，"关于及时反馈工作中遇到的问题的提案"。

(3) **案由**

案由是指提案的主旨和目的，也可以简单地理解为提案要解决的问题。

撰写案由的时候，要注意案由和提案内容的一致性，不要出现案由与内容脱节或者互相矛盾的现象。如果出现案由与内容不符的情况，很可能导致讨论的内容偏离核心主题，造成时间浪费。反之，有了明确的案由，会议就能井然有序地朝着既定的方向推进。

(4) **提案内容**

提案内容是提案的核心部分，该部分一般包含2个方面的内容：案由分析和建议、办法或要求，如表2－3所示。

表2－3　××提案表

提案人			案名	
提案内容	案由分析			
	建议/办法/要求			
提案小组负责人（签字）： ××××年××月××日				

案由分析。案由分析是指提案的理由、原因或根据，是提案的核心部分，因此应实事求是、简明扼要地交代具体情况，进行深入分析。

建议、办法或要求。指针对案由反映的问题，提出自己的主张或办法。提出的主张或办法应具体、切合实际，并具有可操作性。

通过一份完善的提案提出自己的主张，有利于与会人员明确会议负责人的想法，并围绕此主张展开讨论。要注意的是，会议的提案并非一定正确，在与会人员讨论的过程中有可能被推翻。为此，会议负责人应事先正确认知这一点，要明确议案被推翻是一件好事，说明有比该提案更能够解决问题的提案出现，能够进一步体现会议的价值。

06 促进会议中的对话

会议中的对话是一种技巧性的、能够推进会议顺利进行，从而提升会议效率的活动。因此，促进会议中的对话有效地进行也是高效会议的基本要素之一。

这里提到的是“有效”，即对话是有效的，能够顺利推进会议，得出有价值的会议决议。一些会议之所以出现零效果，很大一部分原因是无效对话所致。

会议中出现无效对话的情况主要有 2 种。

一是与会人员缄默不言，对话较少。没有对话就无法充分地分享信息，调动与会人员的积极性。在这种情况下，会议就自然难以顺利推进。

二是与会人员陷入无休止的争论，对话较多且无用。虽然与会人员的积极性比较高，能够参与到议题的讨论中，但是无休止的争论一般很难产出有效的决议，通常只会浪费与会人员的时间和精力，所以是无效的。

会议负责人要想打造高效会议就应当避免会议中出现以上 2 种情况，或者在出现以上 2 种情况的时候能够及时采取一些措施，打破僵局，推进会议按照既定议程顺利地开展。

（1）打破会议中的沉默

会议中一旦出现沉默的局面，就很容易让会议陷入僵局，无法顺利推进会议，并且还会浪费大量的时间。所以，会议负责人必须掌握打破会议中沉默的一些策略和技巧。

活跃气氛，感染与会人员。当与会人员缺乏热情、兴趣，不愿意积极地投入到会议中发表任何言论的时候，会议负责人就要采取一定的措施活跃气氛，感染与会人员。例如，可以在会议开场的时候播放一些短视频或者以讲故事的形式开场。

抛砖引玉，先发表意见。会议负责人可以先围绕会议议题发表一些自己的意见，提出一些较为简单的解决方案，并鼓励与会人员针对解决方案展开进一步的讨论。在采用这个方法打破沉默的时候，会议负责人即便有比较好的解决方案也不要先提出来，这样才能有效促进与会人员展开对话，达到集思广益的目的。例如："关于这个议题我觉得应该分为 3 个部分展开思考，一是外部市场，二是团队内部，三是个人……大家有什么意见吗？"

主动邀请与会人员发言。如果会议现场陷入沉默，没有人愿意发言，那么会议负责人就要主动邀请与会人员发言，以快速打破沉默。这也是较为简单、直接的一种打破沉默的方式。例如："张光，你对这个事情有什么好的思路吗？""李丽，你对刚才张光提到的策划一场营销活动的意见有什么更好的建议吗？"

打破沉默的方式或许还有很多，这就要求会议负责人平时要多注意观察，寻找一切可以打破会议沉默的办法。

（2）及时制止无休止的争论

与会人员的性格、受教育程度、成长背景等不同也决定了他们对同一个问题的看法不同。所以，会议中经常会出现与会人员对同一个问题的看法不同，大家各执己见，且会为了让其他人认同自己的观点而据理力争，最终导致会议陷入无休止的争论中。这种情况同样会阻碍会议顺利推进，使与会人员浪费大量的时间和精力。因此，会议中一旦出现无休止争论的情形，会议负责人就一定要及时制止。

及时制止争论也应讲究方法，否则会容易打击与会人员的自尊心和自信心，导致下次会议中出现与会人员缄默不语，不参与对话的情形。一般来说，会议负责人可以采取以下3种方式制止无休止的争论。

一是提醒时间。在做好会议时间的分配部分，我们就有提到，为了按照既定流程推进会议，会议负责人需要适当提醒与会人员注意每个流程的时间限制。这种方式也可以有效避免会议陷入无休止的争论中。例如："大家讨论得非常激烈，但是也要注意把握时间，还有15分钟会议就该结束了，所以大家一定要挑重点说。"

二是认可与会人员的讨论。当出现无休止的争论时，会议负责人可以利用认可与会人员观点的方式，制止与会人员继续对话。例如："看来大家对这个问题都有比较深刻的认识，都能够提出一些有价值的想法，现在我们来总结一下。"

三是直接制止。这种方法适用于与会人员出现十分激烈的争论时。当这种情况出现时，会议负责人应立即制止对话进行，如"讨论到此为止，我们来进行下一个议程"，这样可避免矛盾激化，让会议顺利推进。

高效会议都一定是建立在积极有效的对话基础上的。与会人员既要踊跃发言，又要注意减少无益于会议目标的对话。因此，无论是会议负责人，还是其他与会人员，都必须建立"促进会议中的对话"的意识，积极参与到会议发言中，创造高效的有价值的会议。

07 回顾会议目标并形成决议

心理学中有一个著名的遗忘规律曲线，称为“艾宾浩斯遗忘曲线”，如图2－3所示。

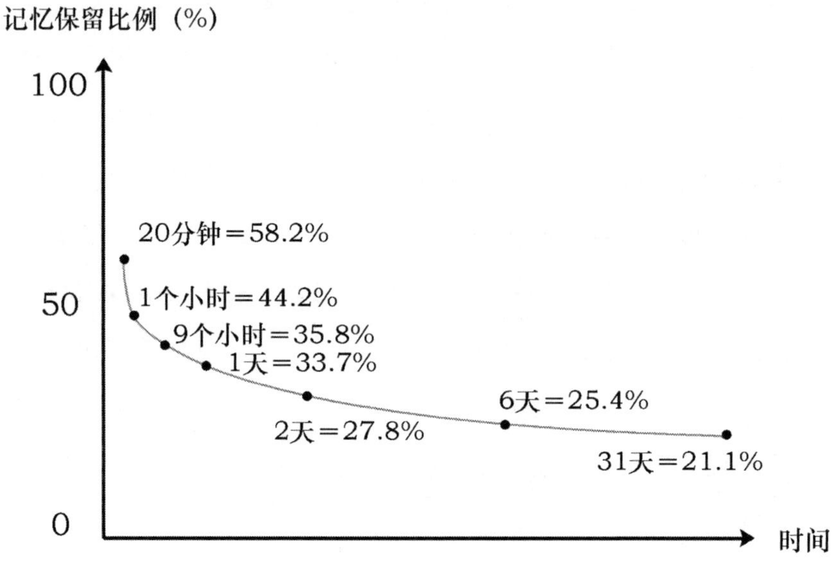

图2－3　艾宾浩斯遗忘曲线

艾宾浩斯遗忘曲线是著名心理学家赫尔曼·艾宾浩斯（Hermann Ebbinghaus）研究发现的，是指人们遗忘的进程遵循先快后慢的规律。从曲线图中我们可以发现：遗忘速度最快的区段是20分钟、1个小时，分别记住的内容是58.2%、44.2%。

按照艾宾浩斯遗忘曲线理论分析，如果是一场持续1个小时的会议，那么在会议即将结束的时候，与会人员就只能记住44.2%的内容，这个时候或许他们已经忘记了会议最初的目标。在这个情况下将很难形成有效决议。如果会议持续的时间更长，那么更加难以形成有效决议。所以，讨论结束后不能立即总结并产生决议，而是要带领与会人员回顾会议目标及核心内容后再形成决议。

为了便于会议结束后更好地回顾目标，会议中应做好以下3项工作。

(1) 会议目标必须明确具体地公示

为了确保会议最终产出有效决议，在会议刚开始的时候除了要以口头形式告知与会人员有关会议的目标外，还应将目标展示在与会人员可以看见的地方，如白板或PPT上。目标展示出来的主要作用是能够让与会人员时刻围绕目标展开讨论，确保会议不会偏离目标，也能有效避免遗忘，便于后期进行回顾。

此外，为了避免遗忘，描述会议目标的时候一定要简明扼要，突出核心，切忌笼统模糊，例如使用“差不多”“基本上”“大致通过”等模糊字眼。

(2) 会议中时刻提醒会议目标

将目标展示出来并不意味着与会人员一定能时刻谨记会议目标，因为会议议程中通常有很多环节，每个环节都有一定的内容，与会人员很难在接收这些内容的同时还能谨记会议目标。因此，为了加强与会人员对会议目标的记忆，会议负责人在会议中还应时刻提醒与会人员，会议的目标是什么。

一般情况下，会议负责人可以在以下3个时刻提醒与会人员会议目标。

一是会议开始的时候。在会议开始时，会议负责人就应着重强调会议目标，并要求与会人员在整个会议的进行中都围绕此目标展开思考、发言、讨论。

二是会议进入讨论环节的时候。当会议进入讨论环节的时候，会议负责人应强调会议目标，要求与会人员不要偏离目标。

三是会议中遇到问题的时候。当会议中出现一些问题导致会议无法推进的时候，会议负责人可以再次强调会议目标，让与会人员快速调整方向。

具体要在什么时刻提醒与会人员会议目标应根据会议的具体议程而定。

（3）决议产生之前再次回顾会议目标

在决议产生前，一定要再次回顾会议目标。

决议产生之前，因为与会人员已经接收了大量信息，但这些信息可能已经被遗忘了一部分，而且很难在同一时间就从部分信息中整理出关键信息并形成决议。所以，在决议产生之前，会议负责人应当带领与会人员再次回顾会议目标，帮助与会人员理清思路，以形成有效决议。

回顾会议目标的时候应点明会议目标并回顾核心内容，由此加深与会人员对整个会议目标的印象。在所有重点内容梳理完毕之后，将与会人员提出的观点按重要程度进行排列，最后再根据会议目标形成最后的会议决议。

08 会议后跟踪决议的执行情况

在第一章第一节中我们提到，导致会议零效果的原因有“只开会，无决议”“有决议，无执行”以及“有执行，无跟踪”。下面先来看一个例子。

赵谦自从跳槽到新公司，就一直恪守开会的原则。本以为开会能规范每个人的行动，但实际上赵谦的部门业绩最近并没有因此提升，反而有些下降。他非常着急，只好请教企业管理研究员余刚。

余刚应邀参加了赵谦部门的会议，第一场会议结束后，余刚告诉赵谦开的会议没有任何问题。然而，一个星期后余刚再次参加赵谦部门的会议时，余刚却发现他们在会议上重复讨论了上次会议中提出的问题。

于是，余刚问赵谦：“上次会议的决议，你的团队有执行吗？”

赵谦疑惑地说：“应该有吧，我交代下去了，但并没有监督他们有没有执行任务。”

余刚恍然大悟地说：“那我知道你的问题出在哪儿了，因为你没有跟踪决议的执行情况。”

赵谦召开的会议就是典型的“有决议，无执行”“有执行，无跟踪”会议，这样很容易因各种问题导致会议决议无法有效执行。所以，会议后跟踪决议的执行情况也是高效会议的基本要素之一。

如何跟踪决议的执行情况呢？

(1) 建立跟踪制度

为了确保与会人员在会后能够有效地执行会议上分配的工作任务，促进会议中形成的决议落地，会议负责人应当建立完善的跟踪制度。一个完善的跟踪制度应当涵盖以下3个方面的内容。

一是明确跟踪的事项。明确跟踪事项是指会议负责人应明确跟踪哪些内容。通常情况下，会议决议形成后，会议负责人会将决议分解成具体的工作任务，落实到每一位与会人员身上。这个具体任务包括明确的工作内容、工作职责、工作日期等。这些内容就是会议负责人应检查、跟踪并落实的跟踪事项。

二是明确跟踪的节点及相关要求。明确跟踪节点及相关要求是指会议负责人应设定一个明确的跟踪节点，以跟踪、落实与会人员的工作进度。跟踪节点应视会议的性质、决议的内容、执行日期等因素而定，例如，当执行的任务分为前、中、后3个阶段时，那么就可以将每个阶段的结束时间设置为节点。当然，也可以按照日期设置节点，如每周、每半个月或每月。

三是制定奖惩制度。奖惩是提升执行力的一种有效方式，所以相关负责人也可以采取制定奖惩制度这种方式加强对与会人员的监督，提升与会人员执行会议决议的能力。对执行效果好的部门、个人进行鼓励，对执行效果较差的部门、个人给予惩罚。但在实施奖惩制度的时候应注意的是，奖惩的目的都是实现有效监督，提升与会人员的执行力，而不是打击与会人员的自信心，所有奖惩都要有度，尤其是惩罚，一定不能过度。例如，可以处罚与会人员整理办公室文件。

(2) **持续跟踪并及时反馈**

一些会议负责人对待跟踪这项工作的态度是，想起来的时候便询问一下与会人员的执行情况，或者等到出现问题时才进行跟踪。这种“心血来潮”或出现问题不得不跟跟踪的态度只会让跟踪沦为形式主义，无法促进与会人员认真执行会议决议。跟踪的目的是促进与会人员将会议决议落实到底，所以跟踪这项工作任务必须持续进行，直到会议决议落实为止。

在持续跟踪的过程中，会议负责人要做的事情是，根据相关标准、要求对已经完成的事项进行确认。如果在这个过程中发现任何问题应及时反馈给与会人员，并要督促与会人员及时整改或者提供帮助，以提升执行效率。反馈是双向的，会议负责人也应要求与会人员在执行任务的过程中遇到任何问题都及时反馈，避免耽误会议决议的执行效率。

此外，会议负责人还要定期对会议决议的执行情况进行总结并公布。这样做一来可以给与会人员适当增加压力，二来可以让他们根据执行情况调整自己的工作进度。这2个方面都可以有效提升与会人员的执行力。

没有跟踪就难以及时发现会议决议执行过程中出现的一些问题，导致决议的执行在关键时刻功亏一篑。所以，在决议形成之后，会议负责人应认真、仔细做好决议执行的跟踪工作。

第3章 会议前的9项准备工作

一次会议的成功与否很大程度上取决于会议前的准备工作是否到位。会议决策高效的企业，往往在会议正式开始前就已经进行了一系列会议准备工作。会议前的准备工作做得越充分，越利于顺利地推进会议。

01 检查会议议题是否有内容

会议议题通常是指会议所讨论的内容、核心，是会议推进的方向。如果会议议题空洞、没有内容，那么会议将无法按照正确的方向推进，最终无法达到期望的会议效果。所以，会议前的第一项工作，也是对后续会议议程产生很重要影响的准备工作，即检查会议议题是否有内容。

所谓“会议议题有内容”，是指会议议题围绕会议主题事实存在且经过会议讨论研究后可以解决问题。

那么，在准备会议议题时，如何判断会议议题是否有内容呢？会议负责人可以通过以下 4 个问题来确认，如图 3 – 1 所示。

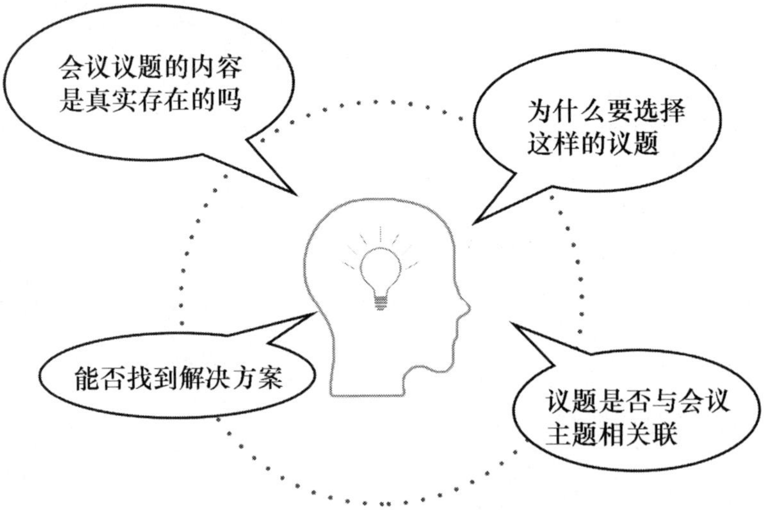

图 3 – 1　判断会议议题是否有内容的 4 个问题

（1）会议议题的内容是真实存在的吗

会议议题的内容必须建立在调查研究、实事求是的基础上，要科学合理，具有较强的针对性，尽量避免主观性和片面性。

某家企业销售的一款产品长期销量不佳，于是销售部主管决定为此召开一次会议，解决产品销量不佳的问题。该销售部主管将本次会议的主题定位在“销售部员工工作效率低”上。会议期间，员工纷纷表示不满，有人直接反驳说：“上个月我们销售部门的员工几乎每个人每天都在加班，大家为了完成业绩甚至连饭都吃不上，我不认为一定是我们的工作效率低才导致产品销量不佳。”其他员工纷纷点头表示认同。主管见状便暂停了会议，并决定深入调查具体原因。

调查后发现，不少客户投诉产品的质量不行，买回家不到1个月就坏了。这时候，该销售部主管才明白上次会议之所以不能顺利展开，是因为会议议题过于主观。

案例中阻碍会议顺利召开的原因就是会议议题不是实际存在的，而是销售部主管主观推断的。如果不是实际存在的问题，那么完全没有讨论的价值，而且与会人员也无法围绕一个不存在的问题发表出有价值的想法和建议。因此，检查会议议题的时候首先必须确保会议议题是实际存在的。

（2）为什么要选择这样的议题

会议议题的作用是突出会议的核心内容，明确会议的方向以及形成解决方案。换句话说，就是不能为了开会而随意选择议题。这样很容易导致与会人员没有目的地参与会议，进而也很难达到会议目的。

所以，在检查会议议题是否有内容的时候，还应问“为什么要选择这样的议题”。如果这个问题的答案非常具体且有明确的指向性，能够有效帮助团队解决问题，那么这个议题就是合格的，如“可以提升客户满意度”。相反，如果这个问题的答案指向性不明确，无法帮助团队解决实际问题，那么该议题就是不合格的，如“也许可以解决客户投诉问题”。

（3）议题是否与会议主题相关联

议题一定要与会议主题相关联，否则即便与会人员讨论激烈，提出了十分有创意的想法和建议，最终也无法达到会议目的。尤其是会议议题较多时，更加要确保每一个议题都与会议主题相关联。

所以，在检查会议议题的时候还要确保议题与会议主题相关联。这就要求与会人员明确会议主题，然后确认议题与会议主题之间的关系。

例如，会议的主题是“降低客户投诉率，提升客户满意度”，其中有一个议题为“销售应熟练掌握 PPT 技术”。该议题与会议主题之间的关系就不大，应该删除。

（4）能否找到解决方案

“有内容的议题”一定是能够找到解决方案的议题，有助于形成最终的决议。因此，检查会议议题的时候也要确保会议议题能找到解决方案。

关于这一点有人可能会存在这样的疑问：“提出会议议题，就是为了组织与会人员就议题进行讨论，找到问题的解决方案，怎么可能在一开始就确定能不能找到解决方案呢？”实际上，有些问题在一开始的时候就能找到明确的解决方案。

通常来说，当要解决的问题所需资源、技术等超过团队现阶段的实际能力时，问题就很难解决了。这样的议题提出来只会增加团队的负担和压力，所以这样的议题就是不合格的。

如何选择会议议题并没有一个标准的模板，但是会议议题都是来源于会议主题，为会议主题服务。除此之外，选择议题的时候应根据团队的发展阶段、当前面临的问题以及发展方向等进行选择，要确保议题真实存在、明确会议目的以及确定议题可以找到解决方案。

会议议题有内容了，接下来的会议准备工作才能围绕议题顺利地展开。

02 选择必要的与会人员

会议的与会人员少则3～5人，多则20～30人都是比较常见的。有的部门总共就十几个人，会议负责人会建议所有会议大家都要参加讨论，尽量能多一些参考意见。但是在召集与会人员的时候，会议负责人有没有思考过，这些人员是否都有必要参会呢？

想要召开一场高效会议，除了要确定会议本身内容是否有意义，还要确认会议的与会人员是否符合参会要求，能否为会议带来价值，产生有益作用。那么，哪些人员是必要的与会人员呢？

（1）与会议主题有关的人

如果选择了与会议主题相关度不大的人参加会议，很有可能会出现以下2个问题。

一是浪费与会人员自己的时间和精力。当与会人员与会议主题相关度不大的时候，就意味着本次会议无法指导他们的工作，对他们来说参加会议就是在浪费时间和精力。

二是浪费整场会议的时间，影响会议效率。与会议主题相关度不大的与会人员通常无法深入、充分地参与讨论，即便参与讨论，也无法产出有价值的观点和建议。但是，他们的发言占用了会议的时间，增加了会议的成本。

基于以上2点，必要的与会人员一定是与会议主题关联度较大的人员，或者说对实现会议目标有潜在贡献的人员。例如，某团队要召开一个新产品研发会议，那么产品设计部的人员就有必要参加。当然，具体如何选择要根据具体的会议主题而定。

(2) 愿意积极参与讨论的人

召开会议的最终目的是实现会议目标，而即便与会人员与会议主题有关，也并不意味着他们一定会积极参与讨论，促进会议目标的达成。所以，必要的与会人员除了要和会议主题相关外，还要能够积极参与会议讨论。

在会议召开之前，会议负责人要列好那些热衷于表达、乐于在会议中发表意见和建议的人员名单，作为本次会议与会人员的备选，将那些在会议中不积极发言的人排除掉。

能够积极地参与到会议过程的人员，既能够提供切实可行的建议和想法，还能够带动其他与会人员积极发言，利于营造良好的会议氛围，有助于会议目标的实现。对于那些在会议召开之前就表示拒绝，或者在以往的会议中没有发表过任何意见与建议之人，可不再邀请其参加会议。邀请对会议毫无积极性的人员参加会议不仅会拖慢会议进程，还会增加会议成本。

(3) 会场管理人员

与会人员中除了要有参与会议讨论，提出提案的人选外，还应当有会场管理人员。这类人员也是非常必要的，因为他们可以维持会场秩序，确保会议能按照既定的流程推进。

会场管理人员通常包括会议主席、会议主持人、会议记录人、会议决议督办人、会议计时人等。

会议主席。会议主席是会议的最高管理者，负责组织会议的决策团队，并需要与决策团队对会议内容进行研究讨论以形成会议决策。在会议进行的过程中，对会议每一个决策及每一步流程进行确认，避免议而不决。

会议主持人。会议主持人需要对会议议程进行把控，并按照议程引导与会人员发言、讨论、遵守会场纪律，提醒会议主席及决策团队做出决策。

会议记录人。会议记录人负责记录会议内容，并将这些内容整理成文档留存。

会议决议督办人。根据最终形成的会议决议，对各部门、个人的执行情况进行监督，引导各部门及相关人员执行并落实会议决议。

会议计时人。会议计时人需要根据制定的会议议程对会议时间进行管理，提醒会议主持人控制会议时间，避免在某个议题上浪费过多的时间，而导致会议变得冗长且无效。

会议的最终目的是形成有效的决议，能够指导并推进团队下一步的工作。所以，与会人员必须是能够为形成有效决议积极地提供有价值的想法、建议，以及能够确保会议按照既定的议程顺利推进的人。为了避免增加会议成本，那些不能对会议贡献潜在价值的人员就不必邀请其参加会议了。

03 准备会议的相关资料

准备会议的相关资料是会前准备工作中非常重要的一个环节，能够具体、全面地为该次会议提供有关的所有重要信息，能够让与会人员对会议内容有一个简单的了解，从而让与会人员在会议进行中更高效地接收信息、参与讨论，并给出建议性的意见。

准备会议的相关资料应做好以下3项工作。

（1）提前和与会人员进行沟通，确定会议具体内容

检查会议议题是否有内容的环节其实就已经明确会议的核心内容了，因此该环节要做的是，根据会议议题进一步确定会议的具体内容。这个环节应和与会人员进行深入沟通，收集他们关于议题的想法和建议。

最好可以通过深入沟通达成共识，确定会议上要呈现的内容。这样有利于减少因想法不一致而引发的矛盾。

确定会议上要呈现的内容后，会议负责人可以让与会人员根据会议内容，提前做好相关准备，如准备个人提案。

（2）根据会议具体内容，搜集相关资料

资料对会议起着至关重要的作用。充足的资料为制定方案和产生决议提供了基础。因此，会议负责人应该尽一切可能，针对会议要讨论的内容准备相应的资料，包括案例、数据等。

会议负责人一定要全面、深入、客观地搜集资料，以深刻地反映并突出实际问题，进而找到解决问题的方案。反之，如果只是截取部分资料，则会导致与会人员对问题的认识不充分，进而导致无法解决实际问题。

资料搜集完毕后，为了使资料更好地为会议服务，会议负责人还应安排相关人员对资料进行整理、归类，以便于存档。

(3) **制成文档，提前发放**

将会议的相关资料制作成文档并提前发放，目的是便于与会人员提前了解会议的大致内容。所以，原则上该文档应该是由13个字以内的分条内容构成。

具体来说，制作文档的时候应注意以下4点。

第一，表达要精简。不要在文档中堆砌内容和资料，只要将核心内容和资料体现在文档中即可。

第二，内容分条写。对内容进行总结，提炼核心点，并按照重要程度对核心点进行排序，然后分条列出核心内容。

第三，内容呈现方式应灵活、生动。太多的文字容易让与会人员产生疲倦感，不愿意通读内容，进而无法掌握会议的核心内容，这样文档就失去了作用。为此，应在文档中适当用图表或不同颜色的字体呈现并突出核心内容，使与会人员产生阅读的兴趣。

第四，内容要准确。内容一定要以真实可靠为原则，必须实事求是，因此一定要对文档中的文字、数字、引文反复核查，避免出现错误。

文档制作完毕且核查无误之后便可以发放给与会人员，不要等会议开场的时候再发给与会人员。很多会议负责人习惯在会议开场的时候将会议相关资料发给与会人员，让他们先仔细阅读资料，再开始会议。这样做并无不妥之处，但是会产生以下2个问题。

一是会议时间有限，仔细阅读资料将会耽误一部分时间，无疑会增加会议的时间成本。

二是在短时间内与会人员难以充分理解会议的相关资料，进而很难进行深刻思考并发表有价值的观点和建议。

所以，为了使会议效率最大化，形成更有价值的决议，会议负责人应在开会之前将相关资料发放下去。当然，在会议开场的时候也可以再发一份纸质资料给与会人员，便于与会人员参照并根据会议资料发表想法或展开讨论。

会前发放资料的形式主要有2种：线下和线上。会议负责人可以将制作的文档打印出来，与会人员人手一份，也可以发送电子文档。具体用哪种方式可以根据与会人员的工作习惯而定。

准备好会议的相关资料后，基本上就确定了会议的大致议程，接下来的准备工作才能围绕此议程更加细致、全面地展开，促进会议更加高效地进行。

04 确定会议时间

高效的会议一定是在正确的时间做正确的事情。所谓“正确的事情”也就是前面提到的有内容的议题，而“正确的时间”是指合适的会议召开时间。

那么，如何确定合适的会议时间呢？会议负责人要重点关注以下3点，如图3－2所示。

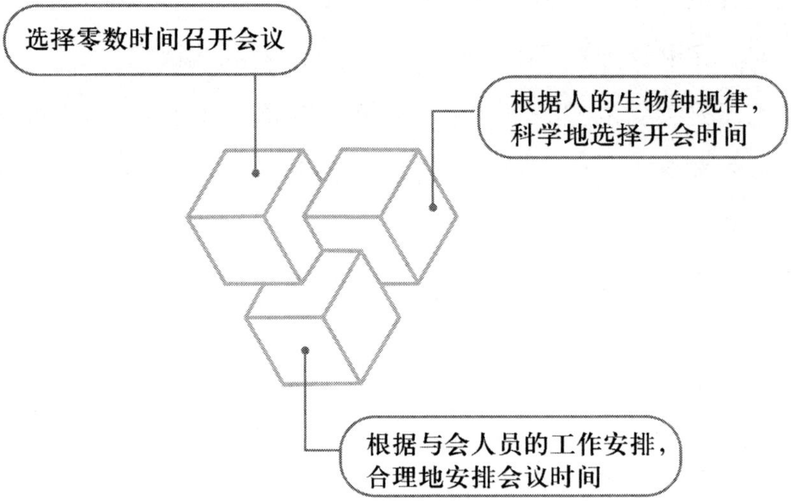

图3－2　如何确定合适的会议时间

（1）选择零数时间召开会议

哈佛时间管理理论认为，开会的时间可以遵循“零数效应”。“零数”是相对于“整点”而言的，如中午12点15分，就是零数时间。之所以建议开会的时间遵循“零数效应”，是因为人们的潜意识会在整时整点后提醒自己做时间安排。所以，将会议时间安排在整点时间后10~15分钟这样的零数时间，便于整点时与会人员能够本能地提醒自己安排会议相关事项，从而有效地提高会议效率。

（2）**根据人的生物钟规律，科学地选择开会时间**

人的生物钟具有一定的规律，通俗地说，人在不同时间点精神状态和注意力集中程度也不同。所以，为了提高会议效率，应根据人的生物钟规律，选择人精神状态较好和注意力较为集中的时间召开会议。

著名心理学家麦吉尔大学教授德比·莫斯考维茨（Debbie Moskowitz）曾做过一个有趣的研究，他根据人一周的行为规律画了一幅一周工作节律图，如图3-3所示。

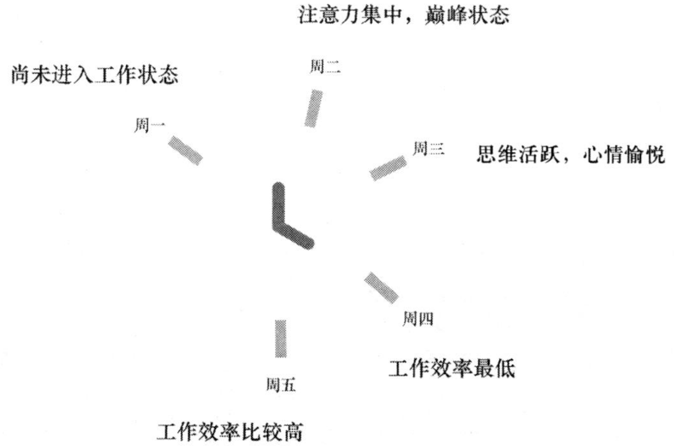

图3-3　一周工作节律图

周一，人的生物钟往往还没有调整过来，很难在瞬间从休闲状态切换到工作状态，所以不宜直接开始工作。换句话说，周一比较适合召开例行会议，帮助员工更快地切换到工作状态。但是因为周一大多数人的状态都不是很好，所以不宜安排较重要、大型的会议。

周二，人们在这一天通常已经成功调整好了生物钟，这个时候他们的精神状态和注意力都比较集中，可以说是一周中的巅峰状态。所以，周二比较适合召开一些专项会议，解决一些比较难解决的问题。

周三，这一天是一周中的转折，人们已经完全适应了工作节奏，进入了工作状态。这时人们的思维活跃，还因为距离周末的时间比较近了而感到心情愉悦，因此周三比较适合安排一些需要制定战略决策的会议，是中高层召开会议较佳的时间。

周四，一项对职场人群所做的调查显示，上班族一周的工作效率由高到低依次是：星期五（35.78%）、星期二（30.89%）、星期三（13.98%）、星期一（13.49%）、星期四（5.86%）。从该组数据可以十分明显地看出，星期四为工作效率最低的一天。但是这一天人却变得更加通融，可以解决一些争议。所以，这个日期适合召开一些研讨、交流式会议。

周五，这是离周末最近的一天，为了可以安心地度过假期，这一天的工作效率也比较高。但是这一天因期待周末而较高兴，很容易让人产生比较过激的状态，所以不宜召开会议。

会议负责人选择开会时间时除了要明确一周中哪一天适合召开什么样的会议，还要注意具体到一天当中哪些时间段比较适合召开会议，这样可以使得会议的价值最大化。

一般来说，在选择会议召开的具体时间时应注意以下几点。

上午 8～9 点，人们的积极性较低，不适合安排会议。

上午 9～10 点，人们思维活跃，适合召开群体会议。

上午10~12点，因为临近饭点，人们可能满脑子都想着食物，难以聚精会神地参与会议。

下午2~3点，人们精神状态良好，适合召开小型会议。

下午3~5点，人们经过一天的工作后变得疲惫不堪，不适合召开会议。

（3）根据与会人员的工作安排，合理地安排会议时间

在确定会议时间时，会议负责人除了要掌握一些科学的方法，还要视团队的实际情况选择时间。这个实际情况中需要重点关注的就是与会人员的工作安排。如果会议安排严重干扰与会人员的工作，影响工作进度，那么召开这个会议的价值就会大打折扣。所以，在选择召开会议的时间时，还应考虑到与会人员的工作安排。

会议负责人在组织召开会议之前，可以先跟与会人员沟通，了解他们具体的工作安排。但要注意的是，每个人的工作安排都不一样，所以只能尽可能地做到不影响大多数人的工作安排，或不影响一些较为紧急、重要的工作安排。换句话说，应当确保决策者和绝大多数与会人员能够出席。

确定会议时间，其实就是要在合适的时间里合理、科学地安排会议，使得在既定的时间里会议价值最大化。所以，会议负责人不宜随时随地召开会议，应根据各种因素权衡利弊，确定最终的会议时间。

05 确定会议场所并提前布置

古人在作战时讲究“天时”“地利”“人和”，是指作战时自然气候条件、地理环境和人心的相辅相成才能造就一场成功的战役。这个道理同样适用于会议的组织。会议的成功也需要考虑“天时”“地利”“人和”这 3 个要素。

在前面的内容中我们提到要选择必要的与会人员、确定会议时间，也就是准备好“人和”“天时”这 2 个要素。接下来，我们就要考虑“地利”了。“地利”在会议中就是指适宜的会议场所，即要确定适宜的会议场所并提前布置。

(1) 提前预约会议室

如果是小型团队，团队人数较少，组织会议很少会出现在会议室使用时间上的冲突。但如果是大型团队，有多个部门，且会议室数量有限，那么很有可能会出现会议室使用时间上的冲突问题。一旦发生冲突，不仅容易引发部门之间的矛盾，导致团队内部不和谐，还会耽误彼此的时间，降低会议效率，甚至影响整个团队的工作效率。所以，为了避免这种情况出现，会议负责人应提前预约会议室。

通常，大型团队会制定会议室使用规范，规范中会明确如何提前预约会议室，并有专门的会议室使用申请表，如表 3 – 1 所示。

表3－1　会议室使用申请表（示例）

申请部门		申请的会议室名称	
使用时间	年　　月　　日　　时至　　时		
会议内容			
参加人数		主持人	
出席领导			
需准备事项			
其他要求			

一般情况下，预约会议室应注意以下3点。

一是使用会议室时，最好提前1天通知会议室管理人员。若是临时会议则至少要提前2个小时通知会议室管理人员。

二是仔细填写会议室使用申请表。会议室使用申请表一般包括申请部门、会议召开具体的开始时间和结束时间、会议内容、会议参加人数等。

三是如果会议时间与其他部门的会议时间冲突，申请人应与其他已预约该会议室的申请人进行协商，并将最终确认的会议时间告知会议室管理人员。

当然，除了常规的会议室外，市场上也有一些专门提供会议场所的地方。会议负责人也可以根据会议的性质、与会人员的喜好等因素选择外部的会议室。

无论选择什么样的会议室，其最终目的都是能够给与会人员营造一个舒适的会议环境，使他们愿意积极地参与会议，从而提升会议效率。

（2）准备好相关设备

一场高效的会议通常需要一些设备辅助，如会议桌、投影仪、话筒等。所以，提前预约好会议场所后，下一步要做的自然是准备好会议所需的相关设备。

有些会议室会提供一些设备，只要预约的时候将会议所需的设备交代清楚即可。但是，有些会议室仅提供一些基础设备，如会议桌、会议椅等，那么其他设备就需要会议负责人自己去准备。

准备会议所需设备需根据会议的性质、内容、与会人员的特点等确定。通常来说，一场高效会议所需的设备包括话筒、录像机、投影仪、音响等。具体准备哪些设备应视会议具体情况而定。

(3) 会议座次安排

高效会议的座次安排也有一定的讲究。会议负责人应根据会议的性质、与会人员数量对会议的座次进行合理、科学的安排。

如果是为了决策更正确进行讨论而召开的会议，会议座次安排最好让所有人员能够环桌而坐，如图 3－4 所示。这样会议桌可以弱

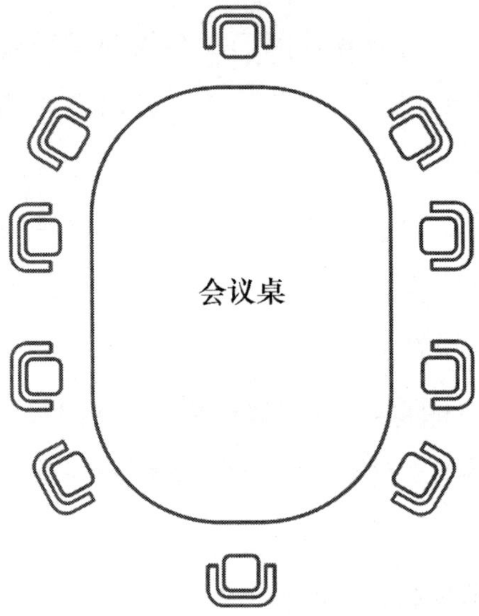

图 3－4　环形会议桌椅布置

化核心人物，让每一个与会人员都成为核心，进而促进与会人员更加积极地参与讨论。

如果是集思性会议，主要是为了激发与会人员的思维，那么可以使用马蹄形会议桌，如图3－5所示，方便与会人员与会议负责人之间的交流互动。

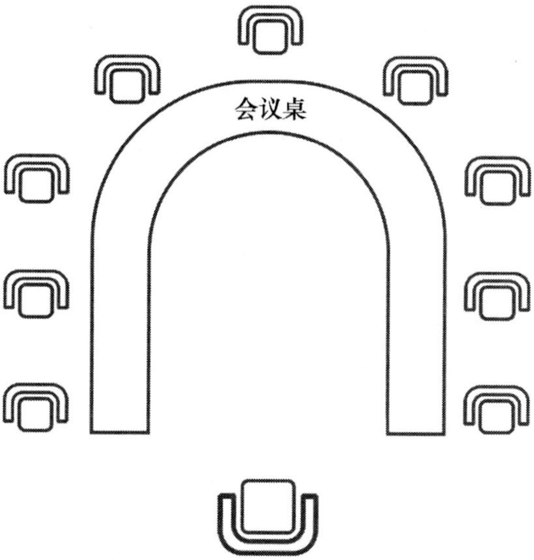

图3－5　马蹄形会议桌椅布置

如果是以信息传递为主的会议，最佳的会议桌椅布置形式是戏院或教室形式，如图3－6所示。

确定好会议桌椅的布置形式后，下一步要明确的就是会议座次。会议座次是指什么人被安排在什么位置就座。

如果是3～5人的小型会议，座次可以稍微随意些，可以以会议负责人为中心，其他与会人员左右落座。如果是中型或大型会议，则要讲究与会人员的座次安排。

常规会议的座次安排应注意以下4个要点。

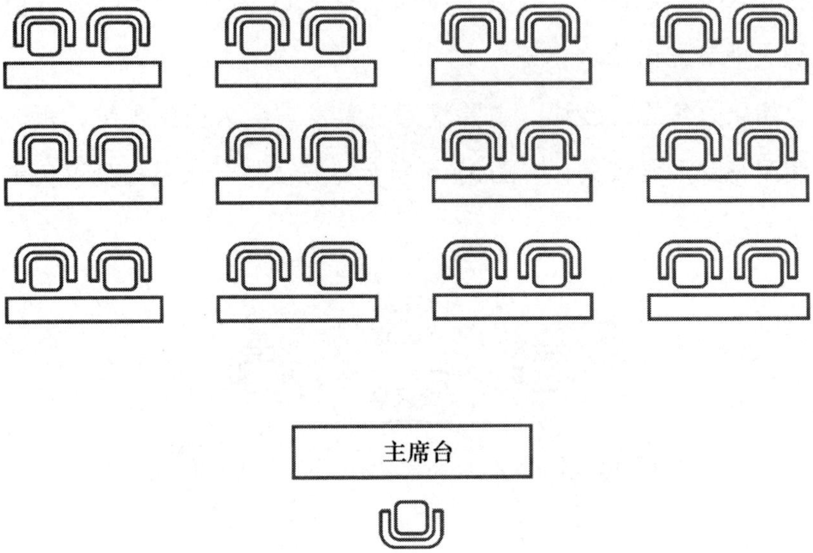

图 3－6　戏院或教室形式的会议桌椅布置

第一，会议座次安排应以面门为上，以左为尊。

第二，德高望重的老员工或做出突出贡献的员工的位置可以适当往前排。

第三，邀请的上级单位人员或其他来宾，可将其安排在主席台适当位置就座。

第四，与会领导人应安排在主席台适当位置或者前排就座。

当然，不同地方、不同行业对会议座次的安排规则也有所不同，因此，具体如何安排会议座次还应根据实际情况而定。

会议场所、设备以及座次安排确定后，就可以安排相关人员对会议现场提前进行布置。是否提前布置好了会议场所，从某种程度上来说决定了会议开展的效果，所以这个环节不容忽视。

06 设计合理的会议流程

会议流程就是会议顺利召开所依照的程序，简单地说，就是按照什么样的步骤开展会议。会议流程通常包括明确会议主题、介绍与会人员、介绍会议背景及会议目的、组织与会人员进行讨论、形成会议决策等内容。合理的会议流程能够确保会议内容更好地呈现给与会人员，也便于他们更好地接收相关内容。

会议的流程并没有一个固定的形式，不同的会议可以设计不同的会议流程。因此，会议负责人在设计会议流程的时候需要根据会议的性质、类型设计。此外，还要考虑的重点问题是，会议各环节之间必须要有一定的逻辑关系，能够有效引导与会人员进行深入思考，并形成最终决议。下面列举了3种不同类型会议的流程设计方式。

(1) 决策型会议的流程

决策型会议通常会按照以下流程进行。

第一步，会议签到：确定所有与会人员都及时参加会议。

第二步，主持人开场：主持人宣布会议开始。在此环节，主持人要介绍会议注意事项以及与会人员。如果是小型会议，可以一一介绍与会人员；如果是大型会议，则只需要介绍主要负责人或者特邀嘉宾。这个环节的时间最好控制在3分钟左右。

第三步，交代会议主题和目的：交代会议的主题是什么，以及“为什么要召开此次会议”，让与会人员明白自己为什么要来参加这次会议，需要协助团队解决什么问题。这部分内容应简明扼要地介绍，因为具体内容在后面的会议中还会呈现，切忌喧宾夺主。这部分内容也可以配合 PPT 演示，让与会人员更加容易地接收关键信息。

第四步，会议负责人发言：会议负责人可以借助白板或 PPT 发表自己的见解，然后引导其他与会人员积极思考。

第五步，中场休息：根据会议时间设置会议中途休息时间，如 5 分钟或 10 分钟。

第六步，与会人员自由交流：与会人员可以围绕会议的主题、目的展开自由交流、讨论，发表自己的见解。

第七步，总结并形成最终决议：讨论结束后，由决策者负责总结讨论的结果并形成最终决议。

第八步，分配具体工作任务并安排专人做好后续的跟踪工作，确保会议决议能够有效地执行。

（2）传统例会的流程

传统例会通常会按照以下流程进行。

第一步，会前准备：与会人员对最近一段时间的工作进行自我总结，并且做好下一阶段的计划。

第二步，员工汇报：各与会人员将总结和计划简要汇报给上级，汇报内容一定要做到具体和简明扼要，便于上级获取汇报的工作要点。

第三步，上级点评：肯定汇报中的亮点，点评不足。

第四步，上级指导：强调工作中的关键点，对员工制订的工作计划进行核对、确认和优化，使计划得以有效地执行。

(3) 项目报告会的流程

项目报告会通常会按照以下流程进行。

第一步，会议开始：由会议负责人报告应出席人数、实际出席人数。

第二步，项目计划回顾：项目总监对已完成的项目进行总结、反馈。

第三步，项目进展报告：项目工作小组对工作进度进行汇报，描述当前工作的进展、取得的成绩以及面临的问题。

第四步，预估风险：由专业人员对项目当前存在的风险进行预估，明确相关问题可能会带来多大的风险，并将这些信息和相关数据一一列举出来。

第五步，解决方案：全体与会人员对上述风险进行讨论，提供解决问题、降低风险的可行性方案。

第六步，会议结束：会议负责人安排后续工作，明确项目期望的完成日期并确定下次会议日期。

综上所述，可以发现不同类型的会议有不同的流程，但是也大致有一些共同点。

在会议开始阶段，会议负责人要围绕会议中的讨论主题，寻找与会人员的共同点，这样可以消除各与会人员之间的沟通隔阂和专业壁垒。

在会议进行的过程中，会议负责人要通过各种技巧和方法激励与会人员参与会议讨论，尽量为每位与会人员提供发言表达的机会。

在会议结束阶段，要达成统一的结果，确定相关责任人，明确任务的完成时间、负责监督考核的部门或人员及相关考核标准等内容，以确保会议决策得以切实、有效地落实。

科学的会议流程能够有效规划合理的会议召开时长及频率，企业应该根据不同发展阶段的管理目标、管理水平以及会议类型的差异，对会议流程做出有效调整。确保所有与会人员知晓各自的责任，按照既定流程召开会议，鼓励每一位与会人员在会上进行交流沟通，在会后取得有效的决议。

07 明确会议注意事项

除了会议内容、与会人员、会议时间、会议场所、会议流程等方面要做好准备外，会议开始前会议负责人还应明确本次会议的注意事项。明确会议注意事项是为了加强会议纪律，维护会议现场秩序，尽可能减少不必要的问题产生，确保会议能够按照既定流程顺利地推进。

在会议开始之前会议负责人一定要提前将会议的注意事项拟好，最好当众宣读一遍，提醒所有与会人员注意。虽然不同的会议注意事项会略有差异，但以下5点是大多数会议都需要明确的注意事项。

(1) 保持安静

会议现场应保持安静，否则将会让整个会议看起来有些混乱，不利于会议按照流程顺利推进。所以，保持安静通常会作为会议的第一个注意事项。

会议负责人可在开会前提醒大家："开会时手机应关机或设置静音状态，不允许接打电话、玩手机、上网。在非讨论环节不准交头接耳、大声喧哗，不准随意走动。"

(2) 保持卫生

会场上的卫生情况，直接影响着与会人员的心情和开会状态。

在会场上乱扔杂物是非常不礼貌的行为，尤其是参加国际性质的会议，如果与会人员有外国友人，在会议上乱扔杂物就会让外国友人对我们的企业甚至国家产生非常糟糕的印象，会严重损害企业甚至国家的形象。即使是参加企业内部会议，与会人员也是来自企业内不同的单位部门，乱扔杂物不仅会给清洁人员带来负担，同样也在别人眼里拉低了自己甚至组织的素质和修养水平。

所以，与会人员要时刻保持会场清洁，避免将杂物乱扔乱放，更不能随地吐痰，在桌椅上乱涂乱画。在扔满杂物的会场，任何与会人员都不可能全身心地参与会议。如果开会时在会场中产生废弃物，可以在会后妥善处理，将其带出会场，扔到垃圾桶里。

会议负责人可在开会前提醒大家："请保持会议现场整洁卫生，不要乱扔杂物，禁止随地吐痰，禁止在会议桌上乱涂乱画。会后，请将产生的垃圾随手带走，扔入垃圾桶。"

(3）遵守会议纪律

只有严格遵守会议纪律，才能确保会议顺利地召开。会议纪律通常包括以下 5 个方面。

第一，会议期间与会人员要携带笔和记录本，认真记录会议内容。在其他与会人员发言的时候，不能打瞌睡、看手机或看报刊，做与会议无关的事情。

第二，如果有反驳意见也不要随便打断发言人的谈话，可以暂时保留意见，等到对方发言结束再补充意见。双方要针对具体的事情而讨论，切不可进行人身攻击。

第三，每一位与会人员都有平等表达自己想法的权利，如果会议中有人违背这一原则，会议负责人一定要及时制止。

第四，与会人员要在约定好的时间签到入场，严格遵守会议时

间，请勿迟到早退。除了会议的工作人员，其他人员都不能在会场内随意走动。

第五，开会期间，不得随意进出或擅自离开会场。这是对其他与会人员的尊重，也是对自己的尊重。

当然，会议中可能还有其他纪律，具体需要会议负责人根据会议的实际情况制定相关的纪律，确保与会人员可以遵守相关纪律，顺利推进会议。

（4）**注意保密**

会议一般会涉及商业机密或者企业机密，因此做好保密工作也是必不可少的一项注意事项。

为了确保会议中涉及的机密不被泄露，会议中应做好以下4点。

一是所有与会人员出席会议必须先携带签到卡，凭签到卡进入会场。

二是会议负责人要设立相关规则并在会前宣布，如“未经会议正式决议的文件，不能在会外相互传播会议上的任何信息”。

三是会议上所发放的证件以及会议材料、文件等，请所有与会人员妥善保管，防止遗失。如有遗失，请立即通知会议负责人。

四是参与涉密会议的与会人员不得携带手机，不得携带涉密文件外出、回家，不得通过电话、简讯等方式传播秘密信息。更不能在网上写作、记录或存储任何涉密文件，不得利用电子邮件传递、转发和抄送秘密信息。需要销毁过期或作废的机密文件时需要有3个人同时在场，严禁随手乱扔或者随意丢弃。

（5）**注意安全**

这里所说的安全分为2种：一是人身安全，二是信息安全。

人身安全主要是指人的生命、健康安全。为了在会议中确保与会人员的人身安全，与会人员应服从会议工作人员的安排有序进入会场。此外要注意的是，不能携带易燃易爆品进入会场。

有序进入会场后，与会人员可以对照席卡上的名字有序就座。如果没有席卡，那么进入会场后要快速选定位置就座，避免影响其他与会人员入场。还要注意的是，不得关闭、阻塞安全出口和安全通道，确保安全通道畅通。

会议中如果遇到突发状况，应及时告知相关人员。相关人员应熟悉安全疏散线路，并及时、有序地疏散人员，确保与会人员的人身安全。

信息安全是指要确保会议的相关信息能够安全留存下来。确保信息安全需要注意 2 个方面的问题：一方面，要注意的是网络系统中各通信、计算机设备及相关设施等有形物品的保护，避免它们受潮或进水而导致无法存储信息；另一方面，要注意信息的完整性、保密性以及可用性等，要加强信息监管力度，防止被人盗取和传播。

明确会议注意事项可以在会议进行时起到督促、规范的作用，有助于维持会议现场秩序，提升会议的效率和效果。所以，在会前的准备工作中明确会议注意事项这项工作必不可少。

08 至少提前24小时发布会议通知

会议通知是指企业或组织中上级对下级、平行部门之间部署工作、传达事情或召开会议等所使用的文书。这里的会议通知主要是指组织会议的人员传达召开会议的信息时所使用的文书。

通常来说，会议通知应至少提前24小时发布，尽量不要在会议快开始的时候临时发通知。这样做主要是为了给与会人员充足的时间，便于与会人员根据会议通知的内容做好相关会议准备。

发布会议通知的形式通常有2种：一种是书面通知，另一种是口头通知。如果是小型会议，可以用口头通知。如果是中型或大型会议，出席会议的人数比较多，则应当发布书面通知。

书面会议通知的内容通常包括**会议通知的标题**、**主送单位**、**会议的目的**、**主要议题**、**与会人员**、**会议报到的时间和地点**、**会议相关资料**、**落款**等（相关模板可见图3－7）。

会议通知的标题一般由发文单位、事由2个部分组成。如《××部门关于××会议的通知》。一般性质的会议直接在正文中间写“通知”即可。

主送单位是指会议通知的受文对象。会议的受文对象需要根据实际情况来定。受文对象可能只有一个，也可能有很多个部门或个人。当然，如果受文对象比较广，可以直接省去或使用泛称，如

“各位同事”。

会议的目的是指会议要解决的实际问题，如“为降低客户投诉率，我们特此召开这次会议”。

主要议题是指围绕会议目的主要讨论的内容或者要解决哪些问题以及以什么方式进行。

与会人员是指必须要参与会议的人员，在会议通知上需交代清楚。

会议报到的时间和地点是会议通知中的重要信息，能够确保与会人员在规定的时间达到规定的地点参与会议。会议的时间一定要具体到××××年××月××日××时刻，地址也要具体到××号××室。

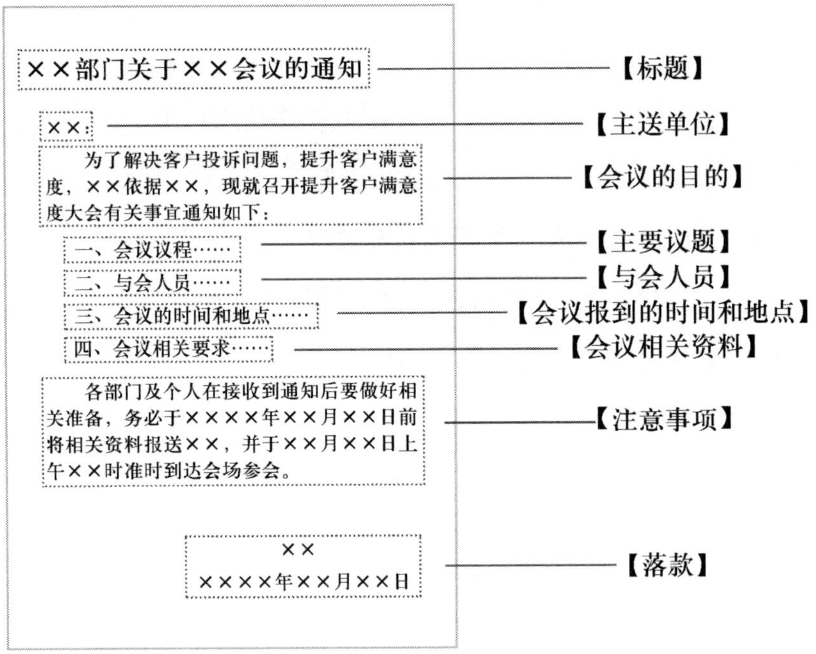

图3－7　书面会议通知模板

会议相关资料：在本章第三节我们提到要将会议相关资料发送给与会人员，在这个环节，还应提醒与会人员提前准备并在参会时携带资料，如提醒“请带好××”。

落款：在正文右下方写上发文单位或个人名称，并在署名下方写上发文日期。

会议通知的内容应简明扼要，便于与会人员理解并接收信息。通知内容撰写完成后还要反复检查2~3遍，尤其是会议日期和地址这部分信息，要避免出现问题，否则会导致会议无法顺利召开。

最后要强调的是，在发送会议通知的时候，最好不要采用本地共享和邮件附件的形式。本地共享是指会议负责人将会议通知通过内部网络映射到与会人员的本地磁盘或网络磁盘中，共享会议通知的内容。邮件附件是指发送电子邮件的时候在邮件内容中添加一个附件，该附件内容不会直接显示，需要与会人员点击附件链接才能进入并查看内容。之所以不建议采取这2种方式发布会议通知，是因为这样很容易被与会人员忽略。

因此，如果采用在线的方式发布会议通知，一定要使用及时传达且要直接呈现通知内容，如团队内部工作群。为了进一步确保与会人员收到会议通知，可以在发送的时候留言“收到请回复”。

发布会议通知是会前准备工作的一项重要工作，可以让与会人员进一步明确会议的相关信息，并据此做好其他相关的准备工作。

09 会前5分钟全面检查

会前5分钟全面检查是进一步落实会议准备工作的重要环节。

某公司研发了一款果汁饮品，定于当月15日上午9时召开新品推介会，并特意邀请行业专家、客户代表、项目负责人以及部门经理参加。总经理要求会上要放映产品宣传视频，其间会安排客户代表品尝新产品，并赠送他们每人一箱新款果汁饮品。

办公室负责人王凯接到任务后，立即组织相关人员讨论此次会议的相关工作。由于公司的放映设备正在维修中，王凯用电话联系了租赁公司，并在电话中反复要求租赁公司务必在15日上午8点20分前送到会议厅。可是到了15日上午8点30分，眼看着会议即将开始，放映设备仍迟迟未送到。见状，王凯赶紧联系租赁公司，对方说是路上交通拥堵造成的。王凯焦急万分，直到8点50分放映设备才送来。会议工作人员赶紧把放映设备安置好，会议总算在9点准时开始了。

播放完产品宣传视频后，与会人员开始品尝新款果汁饮品。值得开心的是，新款果汁饮品获得了客户代表的一致好评，纷纷表达了订货意向。可是到赠送新款果汁饮品时才发现赠品里面都是单一的口味，原本计划的是让客户带回不同口味的果汁饮品做市场测试。这个时候会议工作人员七手八脚地重新分装饮品，会场一片混乱，许多客户表示不想要了，因为耽误了他们的时间。

这场会议中出现了2个比较大的问题：一是设备没有准备好，二是会议的相关产品没有准备好。这2个问题足以让一场会议冗长且无效。所以，在会前的准备工作中，会前5分钟的全面检查必不可少。

因为只有5分钟的时间，所以检查不需要过于细致。这个环节要做的工作是按照会议议程，逐项、迅速地排查，发现疏漏并及时补救。

会前5分钟的全面检查工作通常包括3个方面的内容。

一是核对与会人员名单，确认所有与会人员都已经到场。

二是核对会议应准备的材料，如文档、PPT等。

三是检查会议设备。会议设备的检查涉及2个维度：一个是设备齐全，另一个是设备可以正常使用。这就要求检查设备的时候对设备进行调试。

会议负责人可以针对以上3个方面的问题制作一张会前检查清单，每检查一项就在项目前画上一个“√”，这样就可以确保检查的过程中无遗漏，如表3-2所示。

表3-2　会前检查清单

检查内容	检查事项	检查情况（完成打√）	备注
会议人员	主持人		
	会议主席		
	相关负责人		
	特邀嘉宾		

（续表）

检查内容	检查事项	检查情况（完成打√）	备注
会议资料	会议主题内容		
	会议议程		
	调查的数据信息		
	相关政策、制度		
	演讲 PPT、视频		
	发言稿		
	……		
会议设备	桌椅、纸、笔		
	照明灯		
	投影仪		
	放映机		
	电脑		
	话筒		
	……		

会前 5 分钟全面检查看似是一个存在感低、价值不大的行为，但是在这么短的时间里实施这个行为却能够发现一些影响会议进程，甚至导致会议终止的问题。所以，会议负责人切不可忽视这 5 分钟的黄金时间，一定要仔细、逐项地进行全面检查，确保会议准备工作万无一失，会议能够顺利地进行。

第4章 会议中的11个运营策略

高效会议离不开会议运营。因为只有懂得做好会议运营，才能系统性地管理会议、控制会议进程，使会议可以按照既定的流程顺利地召开，让会议达到理想的效果。

01 迟到的人不要等，按时开始

开会迟到是会议中常见的一个问题，也是非常棘手且会影响会议效率的一个问题。

与会人员熙熙攘攘地坐在会议室里。会议马上开始了，会议负责人抬头望去，很多与会人员都还没有准时到场。于是会议负责人看了看时钟说："我们稍微等一等，还有很多人没有到场，等他们到场我们再开始。"

"稍微等一等"看似不会浪费多少时间，但是仔细计算一下，这个时间成本可能超乎我们的想象。

假设一个人迟到要等 3 分钟，可能这个时间不算多。但是如果是大型会议，人数较多的话，那么很可能要等 30 分钟甚至更长的时间。大型会议的时长一般在 2 个小时，这么算来等待与会人员的时间就占了整场会议时间的 1/4，大大增加了时间成本。这样做无疑会降低会议效率。

所以，在等待与会人员全部到齐之后再召开会议并不是一个有效的策略。因此，一般建议不要等已经迟到的人，按时开始会议。

有人可能存在这样的疑问，如果与会人员没有到齐就开始会议，可能会导致与会人员无法跟上会议的进程，进而无法参与讨论，不利于形成最终的决议。这种疑问很有道理，但是相比较这一点来说，等待迟到的人将会产生更多的问题。

第一，违反会议规则。“无规矩不成方圆。”团队之所以能有序、高效地运转，正是因为有团队规则以及各项事务的规则、规范等，如会议规则。与会人员迟到就是典型的违反会议规则。等待与会人员到达之后再开始会议就是在助长这种不良的风气，不仅会影响会议效率，还会影响团队的稳定性。

第二，无法让迟到的与会人员认识到自己的错误。当一些与会人员每次迟到都有人等待的时候，他们就很容易将迟到看成一件理所当然的事情，根本不会认为这是个错误的行为，需要改正。这种行为很容易被其他与会人员效仿，久而久之，甚至准时进入会议室反而会被视为一种不正常的行为。

第三，忽略了准时到达会议场所的与会人员的权利。那些准时到达会议场所的与会人员，一是遵守会议规则，二是确保会议按照既定的时间和流程顺利推进，这样也不会影响自己后续的工作安排。但是，如果有人迟到且要花一定的时间等待他们，那就意味着会浪费准时到会人员的时间，影响他们的后续工作。简单地说，就是会忽略他们的权利。这样一来，下次他们也可能会再次迟到。

所以，基于以上三点，等待迟到的人并不是一个可取的策略。正确的做法应当是不要等迟到的人，按时开始会议。

但要注意的是，当会议中迟到现象屡见不鲜的时候，会议负责人要做的不只是不等待他们，还要制定一些策略，改进他们的行为。否则，依然会出现以上3种问题。

为了避免与会人员迟到，可以采取以下2种策略。

（1）制定并公开迟到的惩罚规则

会议的相关规则和规范中不仅要明确与会人员要准时进入会

场，还应明确如果迟到会受到什么样的惩罚。“趋利避害”是人的天性，当与会人员明确迟到要接受惩罚时，他们便会自觉准时到达会议场所了。

制定处罚规则的目的是改进与会人员的不良行为，提高与会人员参会的积极性，所以惩罚应适度。例如，迟到 1～3 分钟，向公益组织捐款 10 元；迟到 3～5 分钟，向公益组织捐款 30 元；迟到 10 分钟以上，向公益组织捐款 50 元等。

惩罚规则这部分内容在第 3 章第 5 节所讲的会议注意事项中有介绍，附在会议议论扣传达给与会人员，引起与会人员的重视，培养与会人员形成良好的时间观念。

(2) 会议主要负责人要以身作则

要想避免与会人员迟到，主要负责人就必须以身作则，树立一个正确的榜样。否则，与会人员会抱怨“领导都没来，我们来了也没有用”“下次只要在领导之前到就行了，不需要准时”……这样不仅会拖延会议的时长，还会导致与会人员负面情绪增加，进而严重影响会议的效果。

所以，为了给与会人员树立一个正确的榜样，建议主要负责人提前 15～20 分钟到达会场。这样做不仅能避免迟到，还能提前核对会议相关情况，熟悉会议内容，确保会议顺利推进。

如果主要负责人是因为一些特殊或紧急情况迟到，在迟到时间不是很长的情况下，应先向与会人员道歉，然后再抓紧推进会议。如果迟到的时间过长，那么则应当及时联系相关人员立即取消会议，并另选时间召开会议。并且无论与会人员的级别如何，只要迟到，就应与其他与会人员一样受到相应的惩罚。否则，惩罚制度就显失公平，导致没有人愿意遵守这种制度。

实际上，会议迟到这个问题并不难解决。简单来说，就是要让与会人员意识到这种行为是错误的，且需要承担一定的代价。

02 开始30秒就设定终点

高效的会议一定是在会议开始30秒就设定终点。这里的“终点”是指会议期望达到的目标。明确的会议目标可以让与会人员明确这场会议的方向，便于他们在正确的方向下展开思考和讨论，进而促进会议目标的达成。

销售部的李经理在管理中出现了一些问题，导致销售部员工怨声载道。总经理安排人力资源部的杜经理深度了解一下这件事。杜经理决定就这个问题组织销售部全体人员召开一场讨论会。

会议开始，杜经理开门见山地说：“今天召集大家来开会是希望各位能反映一下部门管理中可能存在的一些问题。会议时间预计1个小时左右，10分钟确定需要解决的问题，中间40分钟讨论如何解决问题，最后10分钟做会议总结，形成最终决议。”

为了避免跑题，杜经理还给每位成员发了一张纸。每个人都可以在纸上写下自己认为部门管理中可能存在的2~3个问题。然后将这些问题一一罗列出来呈现在白板上，与会人员围绕这些问题进行交流、讨论。

这场会议非常顺利地按照既定流程进行，准时结束且与会人员达成了一致意见，形成了决议。

这场会议之所以能够十分顺利地推进，有很大一部分原因是杜经理在会议刚开始的时候就设定了会议的目标，并且还清楚地交代了会议的流程。因此，与会人员能很好地进入状态，使会议十分顺利地推进并达成预期的目标。

所以，会议负责人在会议开始30秒的时候就应当开门见山地设定终点，为与会人员指明方向，避免会议出现跑题的情况。设定终点时，会议负责人要做好以下工作，如图4－1所示。

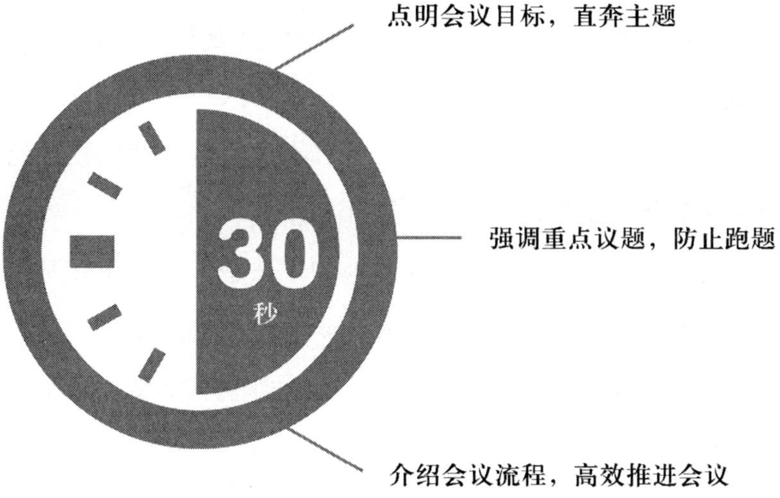

图4－1　会议开始30秒就设定终点

(1) 点明会议目标，直奔主题

如果在会议开始的时候没有点明会议目标，与会人员可能就会存在以下几个疑问。

为什么要召开这次会议？

需要我们参与解决什么问题？

我应该朝什么方向思考问题，寻找解决问题的方案？

……

一旦与会人员的这些疑问得不到解决，那么他们就很可能会表现出“重在参与”的态度，无法全身心投入到会议中，最终也难以形成决议。

所以，会议负责人一定要在会议开始30秒内简明扼要地交代会议目标，直奔主题，让与会人员轻松掌握会议的方向。

（2）强调重点议题，防止跑题

中型或大型会议中通常会有2～3个议题，议题较多也会导致与会人员分不清重点、找不到方向的问题出现，进而影响会议效率。因此，为了进一步明确会议的方向，会议负责人在交代会议目标之后还应点明重点议题，防止跑题。例如，指出“今天我们要讨论的议题一共有3个，其中最为关键主要的议题是……”。

当与会人员明确了重点议题后，他们便清楚了要如何分配自己的时间和精力，会将自己的时间和精力更多地分配给重点议题。这样做有利于快速解决重点、关键问题，形成有效决议，提升会议效率。

（3）介绍会议流程，高效推进会议

介绍会议流程其实就是在交代抵达终点的步骤，可以让与会人员进一步明确如何才能抵达终点，便于他们按照此流程推进会议，促进会议的目标达成。

一般来说，会议流程在会议准备阶段就已经设计好并发放到与会人员手中了。即便如此，会议负责人还是要在会议开始的时候再次介绍会议流程，强化与会人员的记忆。当与会人员十分清晰会议推进路线后，他们便可以根据会议流程厘清思考方向、发言顺序，进而在发言的时候做到条理清晰、逻辑严谨，减少无效发言。

实际上，做任何事情的时候都必须在一开始就设定目标，如果没有目标，这件事就没有开始的意义，也无法创造价值。会议也是如此。高效的会议一定是明确为什么要召开这场会议，清楚什么时候可以结束这场会议。会议达成目标就可以结束，这样的会议才能创造价值。

03 分解会议主题，提高决策速度

在明确会议目标之后，接下来要做的事情就是对会议主题进行分解。之所以要对主题进行分解，是因为主题是一个总结性的概念，如果不进行分解就会导致与会人员无法深入理解概念，明确围绕该主题要讨论的内容，进而会降低决策速度。

会议负责人在对会议主题进行分解时可以采取以下 2 个步骤，如图 4－2 所示。

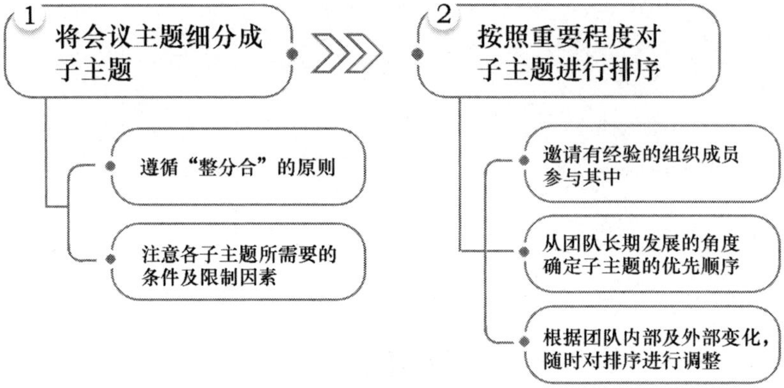

图 4－2　分解会议主题

(1) 将会议主题细分成子主题

分解会议主题是指将较为宽泛、笼统的主题细分成各个清晰、明确的子主题。

一般情况下，明确会议目标后，会议负责人就要将会议主题介绍给与会人员，如“本场会议的主题是‘共谋组织改革，共谋破局之道’”。介绍会议主题是为了让与会人员了解会议主题，明确会议的核心内容。

介绍了会议主题后，接下来要做的事是对主题进行细分。细分会议主题的时候应注意以下2个方面。

一是遵循“整分合”的原则。即将会议主题分解为不同层次、不同部门的子议题。例如，会议的主题是“共谋组织改革，共谋破局之道”，那么可以将该主题细分为“任务的变革”“人员的变革”“结构的变革”。各子主题必须横向紧密相关，纵向过程统一步调，这样才能体现会议主题，确保达到会议目标。分解主题的工作实际应该在拟定会议主题的时候就做好，在会议进行中便可以直接将分解的子主题介绍给与会人员。

二是注意各子主题所需要的条件及限制因素。例如，人力、物力、财力、技术保障等。各子主题的表达要简明扼要，并且有具体的执行标准和完成时限要求。

通常来说，细分的子主题以3~5个为宜，超过5个便很容易让与会人员分散注意力，无法聚焦会议主题且会耽误很多时间。

（2）按照重要程度对子主题进行排序

对会议主题进行细分之后，还应按照重要程度对子主题进行排序。这里的重要程度是指对最终决议影响较大的子主题。之所以要按照重要程度对子主题进行排序，是为了确保即便后续出现一些问题导致会议无法顺利推进，也至少讨论了重要的子主题，能够解决一些重要、紧要的问题。

对子主题进行排序时应注意以下 3 点。

一是邀请有经验的组织成员参与其中。因为有一定经验的组织成员更加明确议题对组织发展的重要性。

二是从团队长期发展的角度确定子主题的优先顺序。

三是根据团队内部及外部变化，随时对排序进行调整。

对会议的子主题进行排序后，在会议进行中要按照该顺序介绍会议的子主题并进行讨论。

对会议主题进行分解，其实就相当于将一个比较难完成的工作任务分解成一个个小的、容易完成的工作任务。当一个个小的工作任务完成后，那个较难完成的工作任务自然能够顺利完成。会议的主题通常很难充分讨论，进而难以在短时间内做出有效的决策。但是将主题进行分解后，每个子主题就更具体，更容易展开充分讨论，从而提高了决策效率。

04 按照步骤推进会议进程

导致会议效率较低的原因之一是：即便制定了会议流程，会议中也总是会出现各种问题，导致无法按照流会议程中的步骤推进会议进程。所以，要想提高会议效率，就必须按照步骤推进会议，即要在规定的时间进行规定的议程，并在规定的结束时间结束规定的议程。

但是在实际会议中，难免会因为一些问题而导致无法按照步骤推进会议进程。会议负责人要做的除了在会议准备的环节做好准备工作以及对相关事项进行核查，还应该从容应对会议中的各种问题，并严格按照步骤推进会议进程。

（1）严格按照会议议程表推进会议进程

通常，在确定会议流程后会制定一张会议议程表，在会议进行的时候就要严格按照会议议程表的步骤和内容推进会议进程，如表4－1所示。

表4－1　××会议议程表

序号	议程	主讲人/发言人	时间分配	备注
1				
2				
3				
4				
……				

会议议程表中会明确每一个议程的主要内容及时间分配。会议负责人应当按照严格按照议程的步骤及时间推进会议进程。

如果某个环节因为某些原因迟迟无法结束该怎么办？这个问题在第2章第3节“做好会议时间的分配”的内容中其实就已经提到了，一旦出现迟迟无法结束的情况，会议负责人也要“强行”结束该议程，避免该环节占用其他议程的时间。

当然这里的“严格”并非硬性规定，只是为了加强会议负责人按照议程推进会议的意识，从源头上避免拖长会议的时间。换句话说，这如果会议中出现问题导致个别议程的时间拖延，那么会议负责人可视具体情况对会议议程进行适当调整。如果耽误的时间不是很长，那么就无须调整，按照既定流程推进即可。最好的情况就是严格按照会议流程推进，这样才能确保会议高效进行。

（2）积极地解决干扰会议进程的问题

信息传递中有个著名效应叫“漏斗效应”，是指一个人想传达出来的信息是100%，但是实际用语言表达出来的时候只传达了80%的信息，而信息接收者能够接收到的信息只有60%，能够真正被信息接收者理解的信息可能只有40%，最后将这些信息转化为具体行动时，可能已经变成了20%，如图4－3所示。

“漏斗效应”的核心观点是信息在传递的过程中会呈现出由上而下的衰退趋势。会议中的大多数问题其实就是“漏斗效应”造成的，会议负责人跟与会人员之间容易产生“漏斗效应”，与会人员相互交流沟通的时候也容易产生“漏斗效应”。换句话说，这是因为沟通效率低导致的。沟通效率越低越容易拖延每个议程的时间，最终导致会议无法按照既定的流程顺利推进。

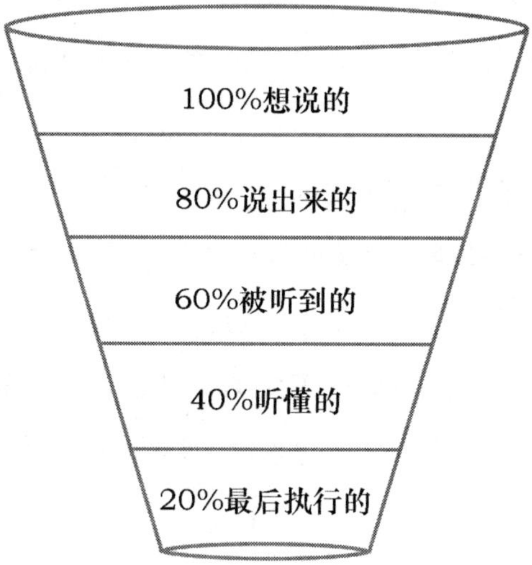

图4-3　信息传递中的“漏斗效应”

所以，要想按照步骤推进会议进程就要提升沟通效率，尽可能避免“漏斗效应”。

会议负责人应准确传达会议每个议程的相关内容。会议负责人在会议的每个议程开始前，需详细、具体交代该议程的相关内容。这样做才能确保与会人员可以有效接收会议的核心内容，并围绕核心内容展开思考和讨论，进而才能顺利推进会议进程。

与会人员应认真聆听其他人的发言。在讨论和发言的环节，应要求每一位与会人员认真聆听其他人的发言，这样才能确保彼此之间能够很大程度地接收信息，进而推进会议顺利进行。

及时解释概念不明的表达。当与会人员的表达中有一些概念不明、不被理解的信息时，主持人应进行询问，如询问对方“是否能对该概念做进一步的说明，并举例”。这样也是提升沟通效率、促进会议按照既定议程推进的一种办法。

对信息进行反馈。发言人在发言后可以向其他与会人员提问，以确保对方接收到并理解你传达的信息。只有彼此之间的信息有效传达，才不会出现问题干扰会议的议程，进而才能按照步骤推进会议进程。

(3) 要求与会人员听从安排

为了确保可以按照步骤推进会议进程，在会议议程开始的时候，就要强调与会人员必须听从安排。否则，与会人员便会按照自己的想法或习惯行事，会议现场很可能会一片混乱。这种状况下想按照步骤推进会议进程就成了“天方夜谭”。

在会议开始时，会议负责人可以说“为了确保会议按照步骤推进，也为了避免耽误大家的时间，希望大家听从我的安排……”。除了在会议开始时要明确提出与会人员应听从会议负责人的安排，在会议进行中会议负责人也应当进行有效引导，使会议按照既定流程展开。

按照步骤推进会议进程是一项工作，更是一种管理艺术。因为会议负责人既要严格按照步骤推进会议的进程，也要根据实际情况灵活地调整会议议程，进而有效推进会议进程。

为了确保会议的效果，原则上是除非出现了重大问题导致会议无法继续推进，否则一定要严格按照步骤推进会议议程。这样做的宗旨是即便无法形成一个有效的决议，但是也要确保会议的完成度。因为当会议无法按照既定流程推进的时候，会议的效果更无从谈起。

05 把计时的工作交给专人

顺利推进会议议程的关键是对时间的把控。在上一节我们提到会议负责人应注意每个议程的时间，并在规定时间内结束某个会议议程，以顺利推进会议的议程。但是，会议负责人的时间和精力是有限的，很可能顾此失彼，无法顾及时间而导致会议无法按照既定议程推进。为了避免这种问题出现，确保会议更加高效，建议把计时的工作交给专人。

会议进行中，为了把控每项议程的时间，负责计时的工作人员应做好以下3项工作。

（1）会议前：熟悉会议各项议程的时间安排

会议前，会议计时员应熟悉会议各项议程的时间安排，且要与会议负责人商议，相互之间应如何配合做好会议中的时间管理。

具体来说，会前熟悉会议各项议程的时间安排有以下2个作用。

一是能够明确在关键节点重点关注并记录时间。计时员计时也是有讲究的，并非时时刻刻都要紧盯着时间，而是要在关键时刻记录时间。会议中的关键节点是一个议程结束下一个议程开始之前的时候。这个时候计时员就要及时记录时间。

二是配合会议负责人推进会议议程。会议中每项议程的时间都是固定的，或者说是事先规定好的。只有按照这个时间执行每项议

程，会议议程才能顺利地推进。但是，会议负责人的注意力大部分都集中在介绍会议流程并引导与会人员参与讨论中，很可能会忘了时间。这个时候，计时员的提醒就十分关键了。计时员可以在会前跟会议负责人商议，在会议中应如何配合其控制时间，顺利地推进会议议程。例如，当计时人员举起带有手表的手示意时，会议负责人就知道时间快到了，要及时调整、推进会议议程。

（2）**会议中：提醒发言人员控制发言时间**

为了提高会议中的时间管理效率，计时员可以使用专业的计时器。专业的计时器能够将时间精确到每一秒，而且可以在计时器上提前设定每项议程的结束时间，这样一到结束时间计时器就会发出响声，提醒发言人员时间已到。

但是，有些与会人员会因为被计时器发出的声音催促而产生厌倦的情绪。为了避免这个问题，在会议开始前计时员就可以向与会人员说明。例如这样说明："为了确保会议可以按照既定时间推进，我会使用计时器计时。时间到了计时器就会发出声音，这是为了提醒你们该项议程的时间已到。"

这样说明后与会人员便会做好心理预设，进而不容易产生抵触情绪。

不过，几乎很难遇到某位与会人员发言结束的时候，该项议程也刚好结束的情况。通常情况是该项议程结束时间到了但是该与会人员还意犹未尽。这个时候不能强行要求与会人员结束发言，草草收尾。这样不仅不利于与会人员充分地表达自己的观点，也可能会给后面的发言人造成压力，导致所有与会人员都无法充分地表达自己。这种情况下，即便能够按照既定流程推进会议议程，也难以形成有效决议，那么这种时间管理就是没有意义的。

因此，当一项议程的结束时间到了但是与会人员还意犹未尽的时候，会议负责人可以说：“时间已经到了，可以用一句话简单总结一下自己的想法，结束该项议程。后面的人要注意一下，控制好发言时间，以确保后面的议程可以在既定的时间推进。”这样做，既能够让发言人充分地表达自己，又可以提醒后面的发言人做好时间控制，是一个比较有效的时间管理策略。

(3) **会议后：及时提交计时报告**

会议结束后，会议计时员要整理一份详细的计时报告，供后期会议参考，如表4－2所示。

表4－2　会议计时报告

<table>
<tr><th colspan="6">关于××会议的计时报告</th></tr>
<tr><th>议题</th><th>具体内容</th><th>发言人</th><th>预计耗时</th><th>实际耗时</th><th>备注</th></tr>
<tr><td rowspan="3"></td><td></td><td></td><td></td><td></td><td></td></tr>
<tr><td></td><td></td><td></td><td></td><td></td></tr>
<tr><td></td><td></td><td></td><td></td><td></td></tr>
<tr><td rowspan="3"></td><td></td><td></td><td></td><td></td><td></td></tr>
<tr><td></td><td></td><td></td><td></td><td></td></tr>
<tr><td></td><td></td><td></td><td></td><td></td></tr>
<tr><td>总计</td><td>—</td><td>—</td><td></td><td></td><td>—</td></tr>
<tr><td>总结</td><td colspan="5"></td></tr>
</table>

整理会议计时报告首先要将会议议题以及具体内容、发言人、预计耗时、实际耗时等内容详细记录下来，并计算整场会议的总耗时数。其次，要对预计耗时与实际耗时，预计会议时长与实际总时

长进行对比，找到它们之间存在差距的原因。

如果实际耗时远远超过预计耗时，那么计时员就要对会议流程进行回顾、总结，分析会议中耽误时间的主要问题及原因，并提供解决方案，以便于调整、优化下一次会议流程。如果实际耗时和预计耗时相差无几，那么就说明该场会议的时间管理工作做得还不错，可以从中汲取一定的经验，为以后的会议做参考。

会议计时员的职责在于提高会议效率，使会议中的每一分钟都能创造价值。所以，不要将计时工作仅仅视为一个看时间的小事，而应该将会议计时的工作交给专业的人去做，以使会议的时间价值最大化。

06 尽量让每位与会人员都发言

会议中应当尽量让每位与会人员都发言，共同参与决策。这样做的作用主要有以下2点。

一是让每位与会人员都有参与感，能够积极地投入到会议中。如果没有安排与会人员发言，那么他们很可能会认为自己的想法不被重视，因此只会将会议看成一种形式，并不会积极地思考，全心全意投入到会议中。与会人员的这种认识将会在一定程度上影响会议的效果。相反，如果让与会人员积极发言，参与决策，他们则会认为自己的想法是被重视的，能够找到自己在团队中的存在感，进而会更加积极地投入到会议中，为最终决议提供有价值的想法和建议。

二是能够形成更加全面、有效的会议决议。不同的人对于不同的事看法也不同，这些不同的看法碰撞到一起的时候更容易产生新的火花，形成更加全面、有效的会议决议。而且只有当与会人员积极发言，参与决策时，他们才能更加认同并积极执行最终的会议决议。

所以如果条件允许，要尽量让每一位与会人员都发言。

(1) 营造良好的氛围，鼓励每位与会人员发言

如果会议氛围比较严肃，那么与会人员很可能会因此感到紧张、害怕而不敢发表任何言论，或者为了应付了事只是简单地说几句话。为了避免这种问题出现，会议负责人应尽量营造良好的会议氛围，鼓励每一位与会人员发言。

具体来说，会议负责人要做到以下 2 点。

一是秉持中立态度。在与会人员发言的时候，不要对他们的观点与想法做出评判，更加不能打断对方的发言，只需认真倾听对方的发言即可。

二是鼓励与会人员大胆发表自己的想法。与会人员可能会由于自身或者外界的原因而不敢发言，这时候就应当鼓励他们积极发言。如提醒与会人员：“大家有任何想法、建议都可以提出，完全不用担心自己提出的想法和建议是否正确，因为任何想法和建议都具有一定的价值。”

（2）采取轮流发言的形式，尽量让每一位与会人员都发言

在会议中，一些表现较为积极的与会人员通常能够获得发言的机会，但是一些比较内敛、不太愿意主动争取的与会人员就会失去发言机会。所以，为了尽量让每一位与会人员都发言，在会议中可以采取轮流发言的形式。

但是轮流发言也必须掌握一定的技巧才能使每位与会人员的发言产生价值。具体来说，采取轮流发言的形式时应注意以下 2 点。

一是与会人员发言过程中不准“站队”。

与会人员轮流发言时，要提醒他们不要对他人的观点进行评价和评判，以避免出现“站队”的情况。因为一旦出现“站队”的情况，就会导致接下来发言的人产生一定的心理压力，导致他们无法充分地表达自己，甚至可能放弃发言的机会。因此，在采取轮流发言的形式时，一开始就要强调不准“站队”。

二是重视所有与会人员的发言。

会议负责人必须明白，之所以采用轮流发言的形式就是为了让每一位与会人员都能充分地表达自己的想法。但是，要想让所有与会人员充分地表达自己，仅仅给予他们一个发言的机会还不够，还应当对他们的发言予以肯定。

心理学研究表明，当人们的某种行为得到肯定时他们会更加有信心和动力去做这件事，也更加愿意投入其中。所以，当发言人表达完自己的想法后，会议负责人应当给予肯定。例如可以这样表示肯定：“大家掌声鼓励。××提出的想法很有创意，看得出来是在这方面做了深入的研究……”

总之，所有与会人员都应当享有同样的尊重，得到同等的发言机会。只有尽量让每一位与会人员都发言，才能让不同的观点产生碰撞，才有利于形成有效决议，使会议发挥出真正的价值。

但是要注意的是，这里强调的是“尽量”，也就是要尽可能让每一位与会人员都发言。但是如果时间不允许或会议人数过多，将很难实现让每位与会人员都发言，那么就要视具体情况而定。在这种情况下不能强行让每一位与会人员都发言，否则就会让会议管理显得僵硬。

07 贯彻逻辑性的讨论："结论＋依据"

会议中的讨论要讲究技巧，否则很容易使会议陷入无休止的争论。会议中的讨论技巧其实就是要贯彻逻辑性，应先给出结论，然后再说明依据。

麦肯锡顾问公司（McKinsey & Company）的顾问芭芭拉·明托（Barbara Minto）曾在其著作《金字塔原理》一书中表明，有效的表达应遵循"自上而下"的原则，即应首先开门见山地给出结论，其次再给出依据。会议中的讨论同样要遵循这种表达原则。

例如，会议讨论的问题是"如何提高客户满意度"。关于该问题某与会人员的发言如下。

> 我们产品售后部门最近接到好多客户的投诉电话，客户抱怨在使用产品的时候，感觉没有销售员介绍的那么好。他们还说与同类产品相比，我们的产品价格有点偏高……

这一段表达结束后，其他与会人员可能很难明白他究竟要表达什么。下面我们试着用"结论＋依据"的表达方式重新梳理这段话。

> 我认为产品性价比低是导致客户满意度低的关键问题，主要原因有以下2点：一是最近产品售后部门接到客户投诉，客户抱怨产品的使用价值与销售员介绍的价值存在一定的差距；二是他们认为与同类产品相比，我们产品的价格有点偏高……

对比这两种表达方式，可以比较直观地感受到第二种表达方式更加容易让对方接收并理解信息，也会因为表达逻辑清晰让其他人更愿意听下去。这种贯彻逻辑的表达才能有效地传递信息，促进与会人员能够充分地进行讨论，进而形成有效决议。

所以，在会议中的讨论环节，应当要求与会人员遵循“结论 + 依据”的表达逻辑，如图4－4所示。

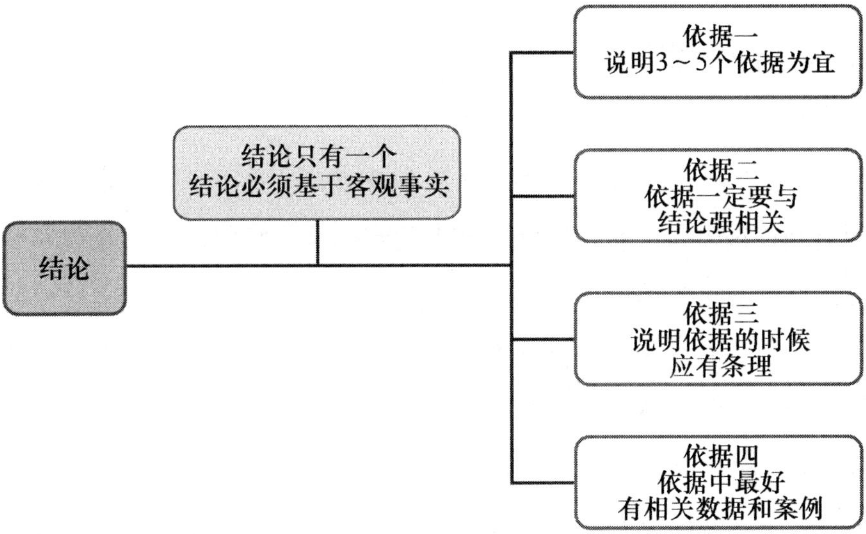

图4－4　贯彻逻辑性的讨论：“结论 + 依据”的表达

(1) 开门见山，给出结论

在讨论环节，为了使讨论更顺利、充分地进行，会议负责人在讨论开始之前应告知与会人员在发言时应开门见山，先给出自己的结论。

结论是对自己所有想法的一个总结。为了确保与会人员能够给出一个正确的结论，应让与会人员注意以下2点。

一是结论只有一个。无论与会人员有多少个观点、想法，最终结论都只有一个，且最好用一句话表达清楚，否则就不能称为结论。

二是结论必须基于客观事实。发言人必须依据客观事实，并经过自己的分析、总结得出结论，否则得出的结论就不具备参考价值，无法形成有效的决议。

开门见山地给出结论可以便于其他与会人员明确发言人表达内容的核心和方向，明确了核心和方向后，其他与会人员才愿意继续听下去。

（2）**围绕结论，说明依据**

在发言人给出结论后，其他与会人员潜意识就会产生这样的疑问："为什么会给出这样的结论？"如果发言人接下来要表达的内容没有回答该问题，那么其他与会人员就很难理解发言人究竟想表达什么，进而很难接收发言人表达的内容。为了避免这种情况出现，发言人在给出结论后，就要围绕结论展开阐述，并说明得出此结论的依据，从而进一步说服其他与会人员。

为了使结论的依据力度更强，足以支撑自己的结论，在说明依据的时候应注意以下 4 点。

一是说明 3 ~ 5 个依据为宜。通常来说，至少要说明 3 个依据，但是不宜超过 5 个。因为依据太少很难说服其他与会人员认同你的观点，而依据太多则可能会耽误会议的时间，且还会导致其他与会人员抓不住你表达的重点。

二是依据一定要与结论强相关。结论实际上是来源于依据，两者之间是互相关联的，即可以从依据推出结论。如果依据与结论不相关，则无法推出结论，那么该依据就是无效的，进而会导致给出的结论不成立。

例如，发言人给出的结论是“我建议采用 A 方案”，给出的依据有 3 点。

一是 A 方案的成本更低。

二是 A 方案实施起来比较容易。

三是“我只深度研究了 A 方案”。

第一、第二个依据可以推出“我建议采用 A 方案”的结论，但是第三个“我只深度研究了 A 方案”这个依据就与结论的相关性不大，因为如果深度研究了 B 方案很可能也会得出“我建议采用 B 方案”的结论。所以无论得出什么样的结论，依据一定要与结论强相关，否则结论就是无效的，进而无法形成有效决议。

三是说明依据的时候应有条理。每一条依据都应当按照一定的顺序展开，例如，可以按照对结论的重要性展开，表述为“我的结论是……依据主要有 3 点，第一点是……第二点是……第三点是……”这样的表达方式可以让其他与会人员更容易理解发言人要表达的内容，能够提升信息的传递效率。

四是依据中最好有相关数据和案例。数据和案例是最具有力度的依据，能够有效支撑得出的结论。所以在说明依据的时候最好能给出相关数据和案例，而且可以借助 PPT、视频或白板等形式直观地呈现出来，这样更加具有说服力。

“结论 + 依据”表达逻辑能够将发言人的观点及依据简单直接、条理清晰地传达给其他与会人员，也便于他们接收、理解信息。在信息有效传达的基础上，讨论才是有价值和有意义的，才利于形成最终决议，提高会议效率。

08 区分意见的3个回应策略

会议进行中，为了使与会人员积极地参与讨论，会议负责人应鼓励与会人员尽情地发表自己的想法和意见，暂不要给出任何评价。但实际情况是，与会人员发表的意见中并非都有利于得出最终的决议，甚至有些意见是与决议是背道而驰的。所以，在与会人员积极发言，讨论环节顺利地结束后，会议负责人还应当对与会人员提出的意见进行区分。

区分意见的时候需掌握一定的技巧，否则会让与会人员误以为你是在否定他的意见。当与会人员存在这样的想法时，下次会议中他很可能会沉默不语，不参与讨论，或不再发表任何言论。为了避免这种情况发生，会议负责人在区分意见的时候应掌握3个回应策略。

区分意见常见且较有效的回应策略是：**“明白”“可以”和“做不到”**，如图4－5所示。

（1）**明白：这个意见可以执行**

如果与会人员表达的意见具有一定的价值，可以执行，那么会议负责人可以在与会人员给出意见后回应“明白”。

“明白”表明该意见可以执行，是对意见的一种肯定。相比较用直接的“对/是的”来表达对意见的肯定，用“明白”表示肯定有

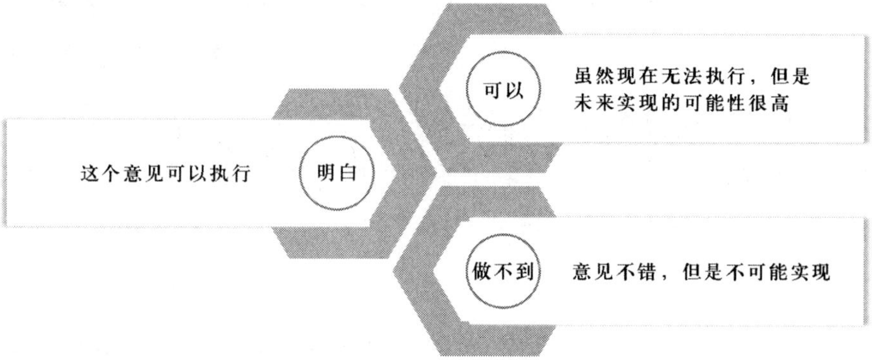

图4-5　区分意见的3个回应策略

以下2个优点。

一是“明白”不仅表示肯定，还可以表达出会议负责人认真聆听了与会人员的发言，让与会人员感受到被尊重。因为“明白”意味着“我听懂了你的表达，知道你这段话表达的重点，明确你想传达的意图”，而“对/是的”很容易让对方误认为是在敷衍，感觉自己没有被尊重，进而会渐渐失去主动、积极表达的意愿。

二是“明白”是在肯定，但不是评价。在“尽量让每一位与会人员都发言”的内容中我们提到要肯定与会人员的想法，不要对对方的任何意见给予评价。草率评价很容易导致对方产生抵触心理，不愿意继续表达。甚至还会影响其他与会人员，导致他们不敢或不愿表达自己。“明白”是肯定但不是评价，“明白”是指这个意见有助于解决问题，而不是说这个意见本身就非常好。这样既认可了发言人，也不会给其他与会人员造成任何压力。

所以，如果发言人给出的意见有利于帮助解决会议中的问题，能够促进达成会议的目的，那么会议负责人最好用“明白”表示肯定，并传达“可以执行”这个意见。

(2) 可以：虽然现在无法执行，但是未来实现的可能性很高

在发言人提出的意见中常常会出现这样一种情况，就是意见很有价值、创意，但是当下暂无法执行，未来实现的可能性很高。遇到这样的意见，会议负责人既不能否定也不能肯定。如果给予否定，便会遏制这些发言人创造性的思维，导致他们以后不敢提出如此有价值、创意的意见。如果予以肯定，但是现实资源和能力无法支持该意见执行的话，只会浪费时间和资源，是一件没有任何意义的事情，而且也会因为执行结果不佳而导致提出该意见的发言人对自己失去信心，导致以后无法更好地发挥他的创造力和想象力。建议会议负责人使用“可以”回应这样的意见。

“可以”不是在说这个意见是对的，是可以执行的，也没有在表达这个意见不行。这是一个“模棱两可”的概念，但是字面上可以传达肯定的意思，可以让与会人员感受到被肯定。当然，不能只说“可以”，让回应变得“模棱两可”，这样的回应没有任何意义。在表达“可以”后还应说“虽然现在无法执行，但是未来实现的可能性很高”。这种表达方式比较巧妙，在否定的同时又给出了肯定，让发言人能够感受到被执行的期待。即便意见无法被执行，发言人也会备受鼓励，在下一次的会议中会表现得更加积极。

(3) 做不到：意见不错，但是不可能实现

不同与会人员有不同的意见，这其中难免会有一些不太切合实际、不太可能实现的意见。遇到这样的意见时会议负责人可以用“做不到”来回应。

回应“做不到”时并非是在与会人员提出意见后就立即回应，这样很容易打击与会人员的自尊心和自信心，导致他们以后不愿意积极地参与讨论、发表言论。当与会人员提出的意见不太切合实际，不可能实现的时候，还是应当先给予肯定。这个肯定更多的是对与会人员积极发言的态度表示肯定，如“意见不错，但是不可能实现”。

这样表达可以让与会人员明确这个意见做不到，已经被放弃了。但是这样说也可能打击到对方，所以为了鼓励与会人员还可以说“是否还有更多的意见”。无论发言人是否能提出更好的意见，这句话都能够表达出对他的肯定以及鼓励，他自然不会因为这次的意见被否定而对自己失去信心。

直接回应“是”与“否”很容易让与会人员形成强烈的心理反差，打击一部分与会人员的自信心和自尊心，导致他们下次不愿意积极发言。以上3种回应方式相对来说就比较积极，无论与会人员的意见是怎样都不会干扰他们的情绪，且会让他们对自己更加有信心，更愿意在会议中积极地发表意见，进而更加容易达到会议的目的。

09 彻底讨论“不行”的意见

在会议中讨论可以执行的意见虽然非常重要，但如果时间允许，彻底讨论那些“不行”的意见将会极大地提升会议效果。讨论那些“不行”的意见，更加有利于规避一些不必要的问题，明确意见的方向，确保最终可以选择一个可执行且有价值的意见。

在上一节内容中我们提到区分意见的回应策略有 3 种，分别是“明白”“可以”和“做不到”。除了第一种是可以执行的意见，其他 2 种都是不可以执行的意见，也可以称为“不行”的意见。大多数情况下，会议负责人会将讨论的重点放在可以执行的意见上。这样做并没有错，但是也意味着忽视了那些“不行”的意见。忽视那些“不行”的意见可能会导致以下 2 个问题产生。

一是当与会人员不清楚为什么自己的意见“不行”的时候，他们也很难认同其他人的意见以及最终的决议。在这种情况下，他们很难主动、积极地去执行意见和决议，而且他们也很可能认为会议负责人偏袒其他人，故意针对自己，最终不愿意参与会议中的讨论。

二是无法让其他与会人员从“不行”的意见中获得有价值的信息。当“不行”的意见被忽视时，也意味着所有与会人员都无法获知为什么“不行”。当他们不知道这个原因是什么的时候，他们下次可能依然会提出“不行”的意见。相反，如果会议中彻底讨论了

“不行”的意见，所有与会人员就都能明确导致意见“不行”的原因是什么。这样一来，他们便可以知道以后应当避免提出“不行”的意见，进而可以有效提高会议效率。

所以，为了避免出现以上2个问题，在会议中还应彻底讨论“不行”的意见。为了在这些“不行”的意见中发现并挖掘更多的价值，应围绕以下4个方面进行讨论，如图4-6所示。

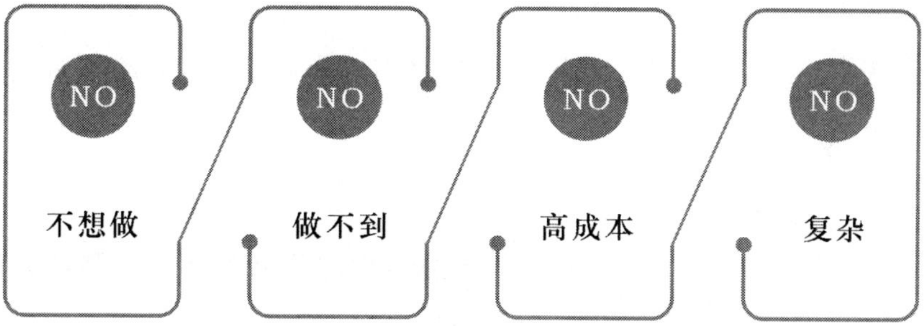

图4-6　导致意见“不行”的原因

(1) 不想做

“想做”和“不想做”是比较单纯、简单的一种用来判断意见是否可行的方式。很多时候，当与会人员发言结束后，会议负责人或其他与会人员会基于自己的主观意识判断自己想做或不想做。

例如，某位与会人员提出的意见中涉及外地考察，但是其他与会人员不想去外地考察，于是便会判断该意见“不行”。

“不想做”其实是一种主观意识，用这种标准来判断意见是否可行是不够客观、公正的，很容易错失一个比较有价值的信息。因此，当经过彻底讨论后发现“不行”的原因是不想做，那么就应当深入研究该意见还是否有价值，是否可以执行。

(2) 做不到

“做不到”这一点在上一节内容中我们已经提到，是指该意见超出了团队以及与会人员的能力范围，很难做得到。

例如，实施该意见需要引进某项新技术，但是这项新技术在市场上十分罕见，很难引进。

这个意见即便有很大的价值，能够帮助团队解决问题，但是做不到。做不到的意见就是名副其实“不行”的意见。

但是不能只是简单地说“做不到”，还应当交代“做不到”的具体原因，例如，资金不足、技术达不到要求等。这样可以让发言人以及其他与会人员清楚原因，进而能够明确下次类似意见要谨慎考虑。

(3) 成本高

如果执行意见的成本过高，无疑会增加团队的压力。在团队压力巨大的情况下，意见再具有价值，能够解决问题，也无法推动团队向前发展。

例如，实施该意见需要公司引进新的设备，该设备的市场价格是1000万元。但是该团队一年的营收是200万元，如果购置1000万元的设备，很可能导致该公司的资金无法正常运转，甚至发不起员工的工资，显然这样是行不通的。

当大家知道是因为成本过高而导致意见“不行”的时候，他们下次再提出意见的时候就会衡量成本，超过团队能够承受的成本的意见便不会再出现在会议上。

(4) 复杂

当意见较为复杂时，也会导致意见“不行”。意见较为复杂的情况通常分为2种：一是意见涉及专业领域，二是执行该意见的流程较多。

如果意见涉及专业领域，可以考虑请求其他部门的帮助或者从外面聘请专业人员帮忙解决问题。外聘专业人员会涉及成本问题，所以需要衡量成本。总之如果成本较低，且能够高效执行，那么该意见就可以从“不行”转变为“可行”。

如果意见执行的流程比较多，那么可以尝试精简流程，让流程变得更加简化。这种做法也可以让该意见从“不行”转变为“可行”。

当然，如果执行成本较高且无法精简流程，那么该意见依然“不行”，与会人员也能从中知道遇到这样的意见时要如何进一步思考，确认自己提出的意见是否可行，是否有必要在会议上提出。

以上是常见的导致意见“不行”的原因，但是实际上可能还有更多的原因，这就需要会议负责人及与会人员能够彻底讨论“不行”的意见，寻找出更多的原因，避免此类意见再次出现在会议中，以提升会议效率。

此外，从上面的分析我们不难发现，通过深入研究可以发现有些意见其实是可行的。所以，通过彻底讨论还有利于避免错过一些有价值的意见。无论基于哪一点来说，都不能忽视“不行”的意见，这些意见更加能让与会人员清楚能做什么，不能做什么，更能为会议的最终决议指出一条明路。

10 尽量排除“复杂的决定”

在本章的第九节“彻底讨论‘不行’的意见”中我们提到导致意见“不行”的其中一个原因是意见较为复杂。为此，我们提供了一些参考方法，如寻求外部帮助或精简执行流程。这 2 种方法都可以尝试，但是也存在一定的成本和风险。因为寻求外部帮助通常会增加一定的成本，且效果也没有保障；精简执行流程则可能导致无法达成理想的结果。因此，在讨论决定的时候，应尽量排除“复杂的决定”。

具体来说，尽量排除“复杂的决定”的原因主要有以下 3 点，如图 4－7 所示。

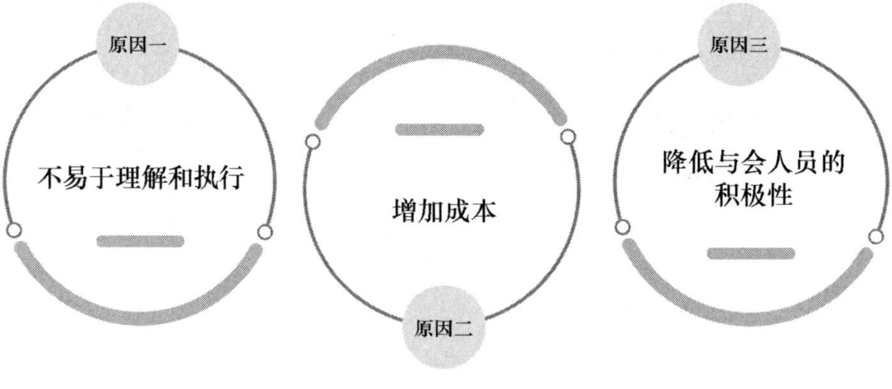

图 4－7　尽量排除“复杂的决定”的原因

（1）**不易于理解和执行**

“复杂的决定”价值较高，能够有效帮助团队解决问题，但是这类决定通常不易于理解和执行。

“复杂的决定”简单的理解就是超出了与会人员能力范围的决定。当一项决定超出与会人员的能力范围时，他们首先理解起来就比较困难，而理解困难就意味着该决定无法有效执行。

有效的决定一定是能够被与会人员所理解和执行，并能达到最终目的的。所以，如果会议中遇到一些较复杂的决定时应尽量排除。

（2）**增加成本**

执行“复杂的决定”通常会在以下3个方面增加成本。

一是时间成本。与会人员要花一定的时间理解“复杂的决定”。当他们深刻理解该决定后，他们还需要花一定的时间去制订执行计划。这个时间通常要比简单的决定多很多。

二是人力成本。人力成本是指需要安排一定的人员去执行该决定。一般的决定可能不需要太多人力成本，但是“复杂的决定”就需要较多的人力成本。尤其对一些小团队而言，团队人员本身就不多，“复杂的决定”可能需要投入所有的人力成本，这无疑会给他们带来巨大的压力。

三是物力成本。“复杂的决定”通常还需要一定的资源支持，这些资源就是所谓的物力成本。例如，执行某个“复杂的决定”需要引进一台机器，该机器就是物力成本。越复杂的决定所需的物力成本越高。

（3）**降低与会人员的积极性**

“复杂的决定”很容易降低与会人员的积极性，给与会人员造成一定的压力。这分为3个阶段。

第一阶段是确定要执行“复杂的决定”时。当确定要执行“复杂的决定”时，与会人员会因为“复杂的决定”超过自己的能力范围而感到焦虑。他们通常会想“如何才能高效执行这个决定”“我感觉我做不好”“如果做不好会怎么办”“这个决定会不会耽误我很多时间，影响我后续的工作”……这些声音都会降低与会人员对执行该决定的积极性。

第二个阶段是在执行“复杂的决定”的过程中。“复杂的决定”在执行的过程中很可能会遇到一些难以解决的问题。当遇到的问题较多时，与会人员的积极性便会降低。这个时候他们甚至不愿意去解决这些问题，进而会导致会议决定执行失败，最终将影响会议的效果。

第三个阶段是执行“复杂的决定”后。由于执行“复杂的决定”所需面临的问题更多更复杂，所以执行“复杂的决定”的成功率也较低。一旦与会人员付出辛苦和努力却不能达到一个理想的结果时，他们的积极性就会大大降低，自信心也会备受打击。此后，他们很可能不愿再付出辛苦和努力，积极地执行此类会议决定。

执行“复杂的决定”的过程很大程度上是一个消耗与会人员积极性的过程，这并不利于团队的发展。

基于以上几点，在讨论决定的过程中应尽量排除“复杂的决定”，以尽量节省成本，并使与会人员能够持续保持执行决定的积极性和信心，进而促进会议的决定能够得到落实，达到会议目的。

11 会议中就要做好会议记录

会议记录能够集中、综合地反映会议中的各种问题、主要议定事项，能够对会后工作起到具体的指导和规范作用，可以提升会议效果。所以，会议的运营策略中，会议记录也是比较关键且不能忽视的一个策略。

会议记录越详细越利于对决议落实起到具体的指导和规范作用，也越便于日后查阅。但是会议记录并非一字不落地记录会议上所有人的发言，或者会议记录人员的一些主观想法。这样的会议记录是无效的。

为了使会议能够指导和规范以后的工作，会议记录人员在记录会议内容时应注意以下3点。

真实性。正式的会议记录具备一定的法律效应，这就要求会议记录的内容必须客观、准确。此外，只有会议记录的内容是真实的，才能用来有效指导和规范以后的工作。

完整性。会议记录必须避免“断章取义”，应完整地呈现内容。如果记录的内容是片面的，会导致后期执行决议的过程中出现问题查阅时无法找到原始资料，进而无法顺利执行会议决议，降低会议效果，而且如果以后的工作遇到此类问题查阅会议记录时，也会因为无法获取完整的内容而导致该次会议失去应有的参考价值，无法为后续的类似问题提供参考方法。这里要强调的是，内容的完整性不是指一字不落地记录会议内容，而是要确保将某个问题或某个讨论的事项、发言人的观点等阐述清楚。

简明扼要。会议记录越详细越好，但这里的详细是指要将关键、重点的内容详细、完整地记录，并非将所有内容都堆砌在会议记录本上，这样很容易导致事后查阅的时候无法明确会议内容的重点内容，进而导致会议记录无效。所以，会议记录应当简明扼要地记录内容，确保查阅的时候可以一目了然。

简单地说，记录人员应认真、仔细、简明扼要地记录会议内容。除了以上几点外，记录人员还应掌握会议记录的写作技巧。

通常来说，会议记录一般由标题、会议的基本情况、会议内容、总结、与会人员签字等5个部分组成。

(1) 标题

会议记录的标题一般由会议名称、事由2个部分组成，如《××部门月总结会议记录》。

(2) 会议的基本情况

会议的基本情况通常涉及2个方面的内容。

一是要清楚记录会议名称、时间和地点。

二是要详细地记录会议负责人，会议应出席和实出席人数，缺席、迟到或早退的人数及姓名、职务，记录人等相关信息。

(3) 会议内容

会议内容是会议记录中的核心部分。这部分内容通常包括会议议题、会议议程、会议发言人、发言内容、会议决议等相关内容。记录会议内容的方式有很多，常见的有以下3种。

集中概述法。集中概述法是将会议的基本情况、讨论研究的主要问题、与会人员的认识、议题的有关事项等内容用概括叙述的方法，进行整体的阐述和说明。这种写法多用于召开小型会议，因为记录的内容不会太多，较容易进行概括叙述。

分项叙述法。分项叙述法是指为了详细、完整地记录内容就需要采取分项叙述的方法，即把会议的主要内容分为几个模块来记录，分项记录，然后附上小标题。这种写法侧重横向分项阐述，内容记录相对较全面、详细，通常会包括对目的、意义、现状的分析以及对目标、任务、政策措施等的阐述。召开大中型或议题较多的会议时，会议中需要记录的内容相对较多，这个时候就可以采取分项叙述法来记录会议内容。

发言提要法。发言提要法是指对具有典型性、代表性的发言加以整理，提炼出内容中的要点和精神实质，然后按照发言顺序分条记录。这种写法能够真实地记录发言人的意见和想法。采取这种方法记录会议内容的时候应注意，如果没有听清或不理解发言人表达的内容，那么一定要仔细询问并确认，避免记录不真实的信息。

具体采取哪种方法记录会议内容需根据会议的性质而定。但是，无论选择哪一种方法都应确保内容的真实性和完整性。

(4) **总结**

总结通常分为2个部分：第一部分是会议负责人对会议中的所有发言进行总结；第二部分是统一意见，形成最终的决议。

(5) **与会人员签字**

做出重要决议的会议记录需要所有与会人员全部进行签字认可。在会议记录的正式文本还没有制作出来时，与会人员需要在会议记录初稿上进行签字确认，主要是确认表决结果。为了避免产生不必要的纠纷，切忌会后补签，一定要与会人员亲笔签名。

具体格式可参考图4－8。

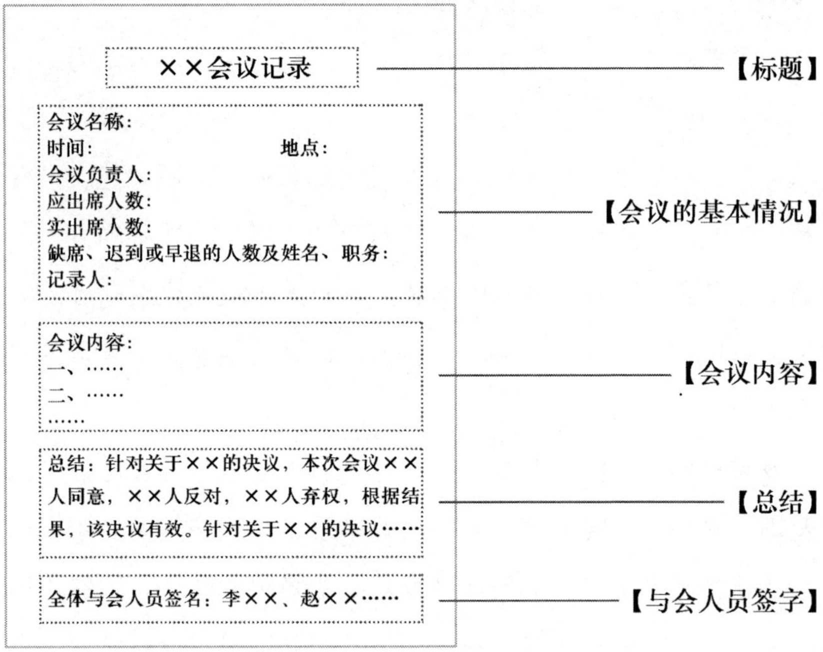

图4－8　会议记录模板

会议的价值常常体现在会议后，因为会议中讨论的内容都是为了进一步指导和规范接下来的工作，而要实现这一点就必须将会议中的内容详细记录下来。所以，会议中做好会议记录是必不可少且能够产生巨大价值的一项工作，切不可忽视。

第 5 章 促进讨论的 9 个对话技巧

讨论环节是会议的核心环节。如果会议负责人能够掌握一定的对话技巧，促进讨论环节顺利、充分地进行，那么就能使会议取得事半功倍的效果。

01 讨论开始时如何破冰

会议的讨论环节能否积极、高效地进行，直接决定了最终能否形成有效的决议。要想促进会议讨论积极、高效地进行就应当掌握一定的对话技巧。

促进讨论积极、高效地进行的第一个对话技巧是“破冰”。

“破冰”是一种交际学术语，是指通过一些方法打破人与人之间的猜忌、怀疑、不信任、疏远，就像打破厚厚的冰层一样。通常情况下，与会人员进入讨论环节的时候可能碍于彼此之间不太熟悉、缺乏信任或其他原因而不敢发言。这个时候会议负责人要做的就是打破“冰层”，让与会人员可以积极地发言，进而促进讨论顺利地展开。

通常来说，会议中常见的“破冰”方法是随机抽取与会人员发言。

会议讨论刚开始的时候是“破冰”的关键时机。这个时候与会人员都还没有完全放松自己，因此也不会积极地发言。为了“破冰”，打破这种安静的局面，会议负责人可以采取随机抽取的方式让与会人员发言。

但是，这个“随机抽取”不是随便地抽取一个人发言，而是有技巧地随机抽取。否则，这种随机抽取也可能会给一些与会人员带来不适感，导致“破冰”失败。因为在一个不太熟悉的环境下，有些人并不喜欢以这种被抽取的形式发言，有些人还会因此感到非常紧张。

那么，如何随机抽取与会人员发言才能有效“破冰”，促进讨论顺利进行呢？

(1) 用比较幽默的形式随机请与会人员发言

知名作家索菲亚·罗兰（Sophia Loren）曾说：“我相信幽默感也是魅力的一个组成部分，有了幽默感，人们可以在一种非常融洽的气氛中彼此交流思想和看法。缺乏幽默感，生活就变得非常单调和枯燥。”在实际生活与工作中我们也能深刻感知这句话，具有幽默感的人都能够通过幽默的话语或行为活跃氛围，拉近人与人之间的距离，进而能促进彼此交流思想和看法。所以，在随机请与会人员介绍自己并发言的时候可以采取“幽默”这种技巧。

例如，可以这样说：“从戴眼镜的先开始，因为戴眼镜的人看上去很有学问，说不定有更好的见解。”

这个时候大家可能会哈哈大笑，并且会基于这个幽默的表达互相交流，如“戴眼镜真的只是因为看不见”“还好我没有戴眼镜，因为我暂时还没有更好的见解”……这样一来气氛就变得轻松活跃，与会人员彼此之间内心的距离更进了一步，进而有利于讨论顺利地进行。

但在使用幽默的形式随机请与会人员发言时一定要注意，幽默一定不是拿别人的缺点开玩笑，如“从个头最矮的人开始……”这种表达方式不但没有幽默感，反而会引起当事人甚至所有与会人员的反感，导致会议气氛十分尴尬，进而使会议讨论无法顺利推进。所以，幽默固然是重要的，但是一定要掌握分寸感。

(2) **按照出生地随机请与会人员发言**

按照出生地的顺序也是一个比较有趣的“破冰”方式。这种方式不仅可以有效“破冰”，还能让与会人员了解彼此的出生地，加深彼此之间的印象、了解，进而可以进一步拉近彼此之间的距离。

采取这种方式进行“破冰”之前可以先让在场的与会人员一一介绍一下自己的出生地，如“我们先来了解一下大家的出生地”。

与会人员回答问题的时候“破冰”就已经开始了，彼此之间内心的距离会更近。当与会人员都回答结束后可以根据对大家出生地的了解，按照出生地的顺序继续“破冰”。例如，“先从经常能够看到大雪的东北人开始发言”“先从很难看到下雪的福建人开始发言”等。

会议规模较小的时候可以让与会人员一一介绍自己的出生地，并按照出生地的方式随机请与会人员发言，但如果会议规模较大的话，一一让与会人员介绍自己的出生地就可能比较浪费时间。这个时候就可以直接根据与会人员所居住的城市名随机抽取，如“现在请来自北京的同事发表一下自己的看法”。

按照出生地的方式请与会人员发言的方式不仅可以在讨论之前有效“破冰”，还可以扩大与会人员之间的话题，进而促进彼此的交流，有利于下次会议的开展。

实际上“破冰”的方式有很多种，以上提供的仅是可以参考的两个方向。会议负责人可以根据与会人员的特征、爱好以及会议现场的实际情况采取合适的方式进行“破冰”。但是无论采取哪一种方式进行“破冰”，其最终目的都是拉近与会人员彼此之间的距离，让对话可以顺利地展开，讨论可以顺利地进行。

02 营造愉快的讨论氛围

有效“破冰”并不一定意味着与会人员能够积极地参与到讨论中，畅快地发表自己的意见和想法。要想进一步促进与会人员积极地参与讨论，除了“破冰”外，还应当营造一个愉快的讨论氛围。

氛围对人们的表达意愿有着重要的影响。在一个令人愉快的氛围中，与会人员的情绪会高涨，进而愿意更多地表达自己。相反，在一个冷清、压抑的氛围中，与会人员即便有很多想法和建议也会因为这样的氛围而沉默不语。

所以，一个令人愉快的讨论氛围是促进会议高效推进的关键。在会议上，营造愉快的讨论氛围是会议负责人的职责所在。那么在会议的讨论环节，会议负责人应如何做才能营造一个令人愉快的讨论氛围呢？

（1）用热情调动愉快的讨论氛围

会议负责人是会议的主导者，也是营造愉快的讨论氛围的关键人物。只有当他们在会议的讨论环节保持热情，其他与会人员才会被这种热情感染，进而才能营造出愉快的讨论氛围。

某次会议上，会议负责人板着脸对与会人员说：“这是一个相当棘手的问题，我希望每一个人都能认真、严肃地对待，讨论结束后必须给我一个解决方案。”该负责人刚说完，与会人员便纷纷低头沉默不语。与会人员 A 想："我还是不要乱说比较好，免得被批评。"与会人员 B 想："大家都不说话，我还是先保持沉默比较好。"……

会议负责人"板着脸"以及在语言中用到"认真""严肃""必须"等词语，都会导致会议陷入压抑的氛围。要想营造一个愉快的讨论氛围，会议负责人要从表情、动作和语言三个方面入手。

在表情上，会议负责人应面带微笑或者以稍微轻松的表情表达。除此之外，还可以根据表达的内容恰当地运用一些其他表情，使会议的讨论氛围更加愉快。例如，谈论到比较意外的事情时可以做出比较惊讶的表情。但是在表达的时候表情不宜过多，这样容易"喧宾夺主"，导致与会人员忽视会议负责人表达的内容。

在动作上，会议负责人在表达的时候应尽量使用一些动作适当调动讨论气氛，因为积极的肢体语言能够给与会人员带来积极的心理暗示，有助于提升与会人员的热情、自信心。这种状态下的讨论氛围便会更加愉快。例如，在鼓励与会人员积极参与讨论的时候做出握紧拳头的手势，以示鼓励、加油。

在语言上，会议负责人表达时语速不宜过快，吐字要清晰，且要用较温和的语气和积极的词语。例如，在表达时要尽量使用"很好""可以""相信""一定行"等词语。

(2) 保持中立的态度，鼓励与会人员畅所欲言

在会议讨论环节，每一位与会人员都是重要的角色，整个讨论都需要他们积极地参与和发言来推动。因此，在讨论环节，会议负责人要保持中立的态度，鼓励与会人员畅所欲言。

例如，可以这样鼓励与会人员："每一个人都可以围绕这个问题发表自己的想法和建议，只要你想到了就可以大胆地说出来。不要担心自己的想法和建议是否正确，因为每一个想法和建议都是宝贵的，很有可能帮助我们解决这个问题。”

这段话表达的其实就是会议负责人的中立态度。这种态度可以让与会人员放松身心，更加轻松、大胆地表达自己的想法。

在与会人员表达完自己的想法或建议后，会议负责人同样应保持中立的态度，不给出任何评价。因为评价会让会议的讨论氛围变得严肃、紧张，导致其他与会人员在这种氛围下不敢积极地表达自己的意见。在发言人表达完自己的想法和建议后，会议负责人只需要点头示意或者说“这个想法很独特，其他人是否还有想法和建议”。这样说既鼓励了发言人，还能够激发其他人的参与热情，从而进一步营造愉快的讨论氛围。

（3）采取一些方式引导与会人员参与讨论

要想营造愉快的讨论氛围，就必须引导与会人员积极地参与到讨论中。只有他们参与了，讨论氛围才会越来越轻松、愉悦。

例如，讨论某个问题的时候可以将全部与会人员分成若干个小组进行讨论。在讨论的过程中每个人都要发表自己的想法和建议，再由小组组长总结得出大家讨论的最后结果。

小组讨论的方式不仅有利于拉近与会人员彼此之间的距离，还能够有效激发大家的参与热情，使讨论氛围更加愉悦。

除了小组讨论的方式，会议负责人还可以组织一些小游戏引导与会人员参与讨论。例如，积极发言的与会人员可以获得一定的积分，该积分与月度奖金挂钩。

很多时候，会议的讨论环节之所以很难顺利推进，与会人员之间的对话很难展开其实并非因为他们没有想法或建议，而是因为会议的讨论氛围严肃、压抑、紧张，导致他们不愿意或者不敢表达自己的意见。为了避免这种情况发生，会议负责人就应当掌握营造愉快讨论氛围的技巧，让与会人员在会议中感到轻松、自在，能够畅所欲言。

03 打开对话的三大原则

“破冰”和营造愉快的讨论氛围是打开对话的前提。要在此前提下进一步打开对话，使得讨论顺利地进行下去还应掌握打开对话的三大原则。

打开对话的三大原则分别是：**不否定、不断地说、以他人的意见为基础**，如图5－1所示。

不否定　　不断地说　　以他人的意见为基础

图5－1　打开对话的三大原则

(1) 不否定

因为每个人的性格、受教育程度、做事方式等都不同，与会人员的想法和观点会呈现出多样化的特点。因此在讨论环节，很可能会出现观点对立的情况。

在遇到观点对立的情况时，一些与会人员的做法是直接否定发言人的观点。这样做很容易导致以下三个问题出现。

一是发言人会因为自己的观点被否定而不愿意继续表达，甚至在下次的会议上也不愿意积极地参与讨论。

二是会影响其他与会人员发言的积极性，导致讨论环节很难顺利地展开。

三是不断地否定与会人员的观点和想法会导致最终很难达成一致意见，无法形成有效决议，进而导致会议无效。

基于以上三点，在遇到观点对立的情况时，会议负责人要引导所有与会人员不要直接否定他人的观点。

例如，在白板上写明“严禁发言人表达时直接否定对方的观点”，或者在讨论开场的时候向全体与会人员强调“当与会人员发言时其他人不得以任何形式否定对方”的原则。

(2) **不断地说**

会议上的发言应当关注“质”还是“量”？这是困扰很多会议负责人的一个问题。一些会议负责人认为，会议上的发言应当注重“质”而不是“量”，因为只有“质”的发言才能够帮助团队解决实际问题。这种想法并没有错，但实际上召开会议是希望通过头脑风暴的形式，集大家之所长，形成一个有效的决议，帮助团队更加彻底、全面地解决实际问题。所以，相对来说，会议上的发言应当更加侧重于“量”。因此，应鼓励与会人员不断地说，不断地发表自己的想法和观点。

例如，鼓励与会人员“你们想到什么就可以说什么，不必担心自己的想法和观点是否可行”“大家可以放轻松一点，当作是跟朋友聊天，尽情地表达自己的想法”“任何一个想法都是宝贵的，希望你们可以大胆地说出自己的想法”等。

当然，这里并非说不需要注重“质”，如果只是注重“量”而忽视“质”，那么也很难形成有效决议。在“量”达到一定标准之后，就要强调“质”，从与会人员大量的发言中找到有价值的观点进行重点讨论。但在会议讨论的前期，“不断地说”是推动会议有效进行的重要原则。

(3) 以他人的意见为基础

一些会议负责人会存在这样的疑惑：我们没有否定与会人员的表达，也鼓励他们不断地表达自己的想法和观点，但是为什么还是很难达成一致意见，形成有效的决议？甚至在讨论的过程中与会人员之间依然会争吵，导致讨论环节很难正常进行。

出现这种情况的主要原因是与会人员在发表自己的想法和意见时没有以他人的意见为基础。

有效的对话是双向的，既要表达自己，也要聆听其他人的表达，并以此为基础展开进一步讨论。相反，如果所有的与会人员都各执己见，那么会议的讨论就会沦为无休止的争吵，自然难以推动会议的讨论顺利进行并形成有效的决议。

以他人意见为基础主要表现在以下两个方面。

第一，认真聆听并尊重他人的意见。

第二，以他人的意见为基础展开更加深入的沟通。

以他人的意见为基础既能表达尊重，拉近彼此之间的距离，还能基于意见展开更加深入的沟通，碰撞出新的火花，最终形成能够解决团队实际问题的决议。

在会议的讨论环节，打开对话不是简单地让与会人员说几句话，而是要让与会人员敢于不断地表达自己的想法和观点，并且能够基于他人的意见展开讨论，以达成共识，形成有效的决议。所以，会议负责人在会议讨论环节，要反复强调并引导所有与会人员遵守以上三大对话原则。

04 调控与会议主题无关的讨论

会议中的讨论是就会议中的某个议题交换意见或进行辩论，是一个比较自由、灵活的环节。正是因为比较自由、灵活，所以容易导致与会人员在讨论中偏离会议的主题，闲聊一些与会议主题无关的内容。一旦出现这种情况，那么所有的讨论就失去了意义并且会直接导致会议无法形成有效决议。所以在会议讨论环节，会议负责人应懂得调控与会议主题无关的讨论。

会议负责人可以通过以下3种方法调控与会议主题无关的讨论，如图5－2所示。

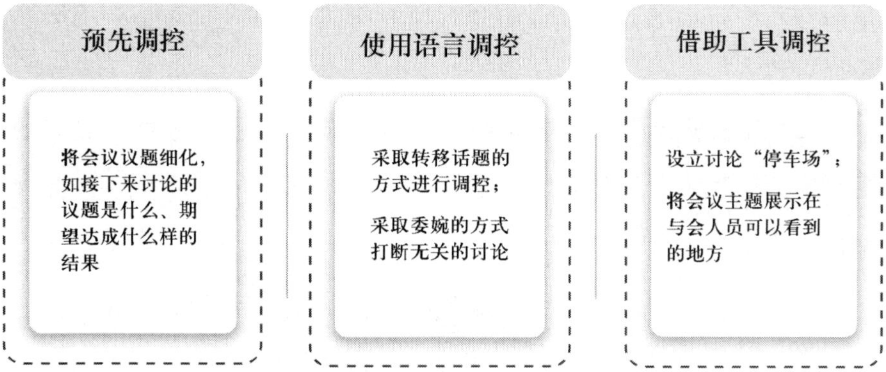

图5－2　调控与会议主题无关的讨论的3种方法

（1）预先调控

导致与会人员讨论的内容与会议主题无关的很大一部分原因是

与会人员对会议目标和议题不清楚。因此，在会议讨论环节开始之前，会议负责人首先要明确告知与会人员会议目标和当前要讨论的议题。

为了确保与会人员能够围绕会议主题展开讨论，会议负责人应将会议议题细化，如接下来要讨论的议题是什么、期望达成什么样的结果、实施方案、完成时间等。议题的相关信息交代得越清楚越能够避免与会人员讨论与主题无关的内容，进而确保与会人员聚焦目标，围绕会议主题展开讨论。

（2）使用语言调控

在讨论环节，出现与会人员讨论的内容与主题无关的情况主要有以下两种。

一是闲聊式跑题。在会议讨论中，与会人员常常会谈及一些奇闻趣事等与会议主题无关的话题，而且会由此延伸出更多的话题，使与会人员谈论得津津有味，而离会议主题越来越远。这种情况通常是因为与会人员认为自己与讨论的议题无关，或对议题不太感兴趣而导致的。

二是发挥式跑题。有些与会人员为了显示自己的才能，或者想更加充分地表达自己的意见，便会自觉或不自觉地发表一些与会议主题不相关的内容。

对于以上两种情况，会议负责人一般不宜直接打断他们的讨论，可以采取转移话题的方式进行调控——接过讨论或者发言中的某一句话或某一个观点，进行启发引导，将讨论或发言引导到会议的议题上。例如可这样引导：“××提到的这个想法很好，可见你对我们讨论的议题进行了深入的思考……”

如果没有合适的转移话题的契机，也可以采取委婉的方式打断无关的讨论。例如，这样说："大家提到的问题的确非常有价值，值得花一些时间讨论。不过今天我们主要讨论并解决的是××问题，你们讨论的问题我们下次有机会可以开一个专题研讨会继续讨论。"这种委婉的方式不会打击与会人员继续讨论的积极性，还能够成功地将他们的注意力转回到会议主题上。

(3) 借助工具调控

在会议的讨论环节，会议负责人可以借助一些工具调控与会议主题无关的讨论。

一是设立讨论"停车场"。讨论前准备一块白板，当会议中出现跑题的情况时，应立即将跑题的想法记录在白板上，并表示在更加恰当的时间再进行探讨。例如，这样记录："××提出的想法不错，但是这次会议上不做深入探讨，可以放入下次的××专题会议中探讨。"这样做可以让与会人员围绕会议主题继续进行深入地讨论。

二是将会议主题展示在与会人员可以看到的地方。为了避免与会人员在讨论的环节讨论与会议主题无关的内容，会议负责人可以将会议主题展示在白板、PPT或者任何与会人员可以看见的地方。并且还可以添加备注内容，如"讨论中不要跑题，严守议程"，确保与会人员可以围绕会议主题进行准确、深入地讨论。

在会议讨论环节，难免会出现讨论的内容与会议主题无关的情况。如果这种情况不能得以及时控制，那么便会影响最终的会议决议。所以在会议讨论环节，会议负责人应掌握一些技巧，懂得调控与会议主题无关的讨论，确保会议讨论能够高效地进行。

05 让所有人的意见可视化

在第2章第4节“使讨论的内容可视化”中我们提到，为了避免讨论的内容单一、枯燥而导致与会人员失去讨论的兴趣，应使用一些工具使会议的内容可视化。在与会人员发表意见的环节，同样要借助一些工具让所有人的意见可视化。

具体来说，在会议的讨论环节让所有人的意见可视化主要有以下三个作用。

第一，避免与会人员发表的意见被遗忘。会议上将会收集很多意见，尤其是大型会议上，但意见越多越容易被遗忘。一旦意见被遗忘，那么讨论就失去了意义。让所有人的意见可视化则可以有效避免与会人员发表的意见被遗忘。

第二，便于与会人员就意见展开深入的讨论。心理学家研究发现，人们在接受知识时，眼睛看到的比耳朵听到的更加深刻。在会议讨论环节也是如此，与会人员对眼睛能够看到的意见比用耳朵听到的意见更加深刻，进而更加便于他们基于意见展开讨论。

第三，让与会人员发现问题的本质。只是听他人发表意见的话，与会人员只能捕捉一些关键信息，这些信息可以说是一棵树的“树枝”。讨论意见的时候，与会人员只能围绕“树枝”进行讨论。但是，如果让所有人的意见可视化，便会有人注意到“树干”，发现

“树干”上存在的本质问题并提出解决问题的方案。讨论环节的重要任务是发现问题、解决问题，所以让所有人的意见可视化在这个环节就显得格外重要。

总的来说，为了使与会人员能够更加深入地讨论意见，得出能够帮助团队解决问题的意见，就应当使用一些工具让所有人的意见可视化。

通常来说，会议相关负责人可以借助以下几个工具让所有人的意见可视化。

(1) 白板

讨论环节，会议负责人或记录人员可以在与会人员发言的时候，一边倾听一边将与会人员的意见及时记录下来。记录意见的时候应按照与会人员发言的顺序，有序地记录，并且要标明议题，便于后面有序地展开讨论，如图5－3所示。

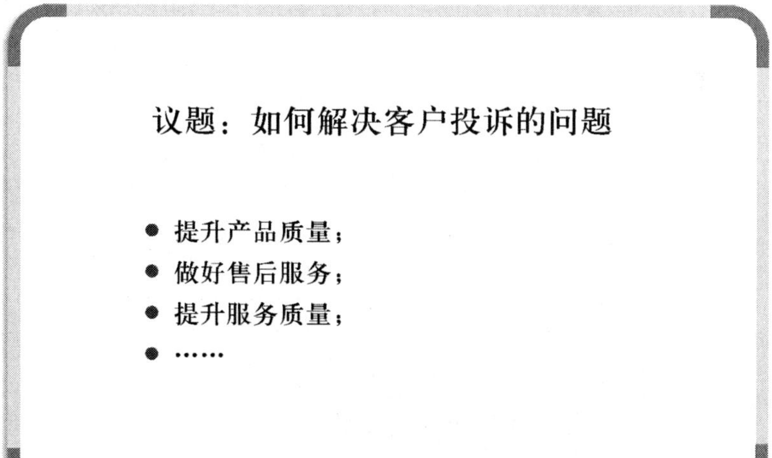

图5－3　利用白板让所有人的意见可视化

在白板上呈现这些信息主要有以下 2 个作用。

一是可以有效避免与会人员在讨论的时候讨论与会议主题无关的内容。

二是可以让与会人员看见每一个意见，使他们可以基于这些意见展开更加深入的思考，筛选出更加全面、具体、有效的意见。

白板是会议中公示、记录信息的重要工具，可以有效提升会议的效率。尤其是对于小团队来说，近距离的白板展示往往要比一些电子设备的效果还要好。

(2) **便笺纸**

日常办公中用到的便笺纸也可以用来在会议讨论环节辅助记录关键信息，避免某个人的意见被遗忘，如图 5 - 4 所示。

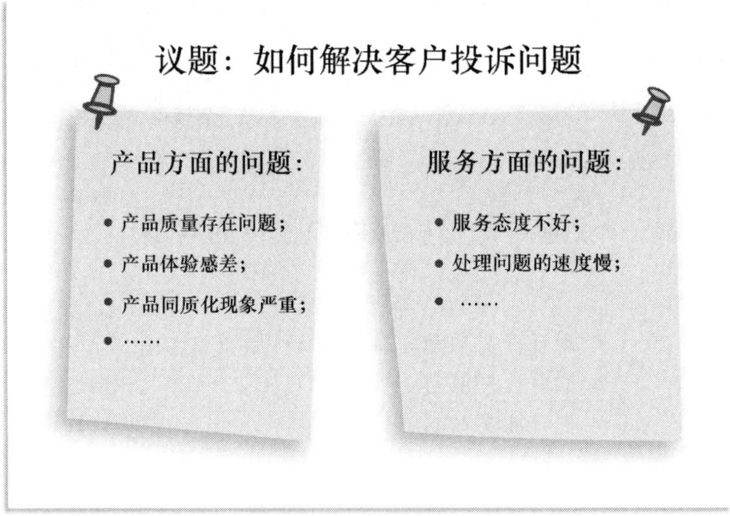

图 5 - 4　利用便笺纸让与会人员的意见可视化

与会人员发表意见的时候，会议负责人或记录人员可以利用便笺纸将与会人员的意见记录下来并粘贴在墙上或者白板上。这也是一个让所有人的意见可视化的有效的办法。而且相较于简单地在白板上写下所有意见来说，利用便笺纸还有一个优势就是可以自由排序与会人员的意见，对意见进行归类、总结。这样更加利于与会人员系统、清晰地展开讨论。如果是将意见写在白板上的话，就不太便于排序调整。

（3）A3 纸张

除了白板和便笺纸外，还可以使用 A3 纸张记录与会人员发表的意见。A3 是指纸张的规格。按国际通用标准 A3 规格的纸张，其大小为 297mm×420mm，是 A4 纸的 2 倍。

用 A3 纸张记录与会人员提出的意见时，应尽量用稍微大一点的字体，便于与会人员清楚地看见记录的意见。记录意见的时候也应根据发言的先后顺序记录，而不是随便写一写，否则容易给与会人员造成不好的视觉体验。待与会人员发言结束后，便可以将记录好意见的 A3 纸张贴在所有人可以看见的墙面上或者白板上，便于与会人员基于此内容展开深入的讨论。

以上 3 种工具都可以让所有人的意见可视化，具体借助什么工具需根据实际情况或与会人员的习惯而定。总之，无论采取什么方式、借助什么工具都应该让所有人的意见可视化。只有让他们看见了，才会对这些意见更加印象深刻，进而才能围绕这些意见顺利地展开讨论。

06 20多岁的人如何参与讨论

20多岁的人在企业中一般都是刚踏出大学的校门，初入职场的员工。这类员工的特点是思维比较活跃，能够提供一些具有创新性和创造性的想法和意见，帮助团队解决问题。基于这些特点，20多岁的年轻人参与讨论且能够发挥自身价值的秘诀不是发言，而是提出问题。

通常来说，对议题发表一些意见都要基于对议题以及对团队的工作情况比较了解，否则将很难提出一些有见解的意见。但是，对于初入职场的20多岁的年轻人而言，他们对议题以及团队的工作情况的了解和认识都不够深刻，因此发表的意见往往也是泛泛而谈，对解决实际问题的帮助不大。如此一来，不仅会导致20多岁的人为了发表意见而焦虑，渐渐失去参与讨论的积极性，还会浪费其他与会人员的时间和精力。

但是，20多岁的人通过提问的方式参与讨论发挥的效果会截然不同。有句话说“当局者迷，旁观者清”，20多岁的人因为初入职场，在团队中可以说是旁观者的角色。这个角色有助于他们跳出团队，清楚地看到团队中存在的一些问题。简单地说，通过提问的方式可以更大程度地发挥20多岁的人的价值。

所以，在会议的讨论环节，20多岁的人应通过提问的方式积极、主动地参与讨论。

但是会议上的提问也要讲究技巧。有技巧的提问才能展示提问的价值，促进讨论顺利进行。那么，在会议讨论环节，20 多岁的人应该如何通过提问的方式参与讨论呢？

（1）抓住机会进行提问

有效提问的关键是在合适的时机提出合适的问题。那么什么样的时机适合提出问题呢？

20 多岁的人在会议讨论中提问的时机主要有以下两个。

第一，当自己对他人提出的意见不太理解时，可以通过提问提高自己的理解。例如，“很抱歉，我对 ×× 提出的意见不太理解，是否可以提出一些我存在的小疑问”。

第二，当自己对提出的意见有一定的见解时，可以通过提问加深其他与会人员对该意见的印象，同时本人也可以在其他与会人员心中留下深刻的印象。例如，“ ×× 的意见非常好，我很赞同，我还想补充一点自己的想法。如果我们……是否更好呢”。

无论在哪种情况下提问，都要等发言人发表完意见后再进行提问，切不可直接打断对方的发言，这样会被视为不礼貌，并且会影响他人的发言效果。如果担心自己忘记问题，可以将问题记录在笔记本上，等他人发言结束后再一一提问。

（2）根据直觉提出问题

有句话说：“部门经理或资深员工是离公司很近，离世界很远的人。20 多岁的人是离公司很远，离世界很近的人。”这句话强调的是部门经理或资深员工会因为过于关注公司，而无法以一个客观的视角看待公司，进而难以发现公司存在的问题。20 多岁的人虽然不太了解公司，但是他们能够以旁观者的视角客观地看待公司，并找出其中存在的问题。

这种能够以自己个人的角度客观地看待公司，并帮助公司找出问题的事情只有初入职场的20多岁的人才能做到。所以，在会议的讨论环节，20多岁的人可以试着跟着自己的直觉走，大胆地提出自己心存疑惑的问题。

（3）按照2W1H的方式进行提问

为了使每一个提问的价值最大化，20多岁的人可以采取2W1H的方式进行提问。

What（什么）：原因是什么？

Why（为什么）：为什么要这么做？

How（怎么办）：如何做才能解决这个问题？

某销售团队在会议上讨论如何实现当月20万元的业绩目标。我们可以按照以上的顺序展开提问。

What（什么）	要实现20万元的业绩目标，最重要的是什么？（确定要解决的问题）
Why（为什么）	目前为什么存在推进困难？（探询问题的本质）
How（怎么办）	如何提高团队的协作力？（寻找解决方案）

按照2W1H的方式进行提问能够帮助其他与会人员发现某个意见中的问题并找到解决方案。20多岁的人要想让自己深度参与到会议讨论中，让其他人看到自己的价值，就要掌握2W1H的提问方式。

会议上，20 多岁的人的价值其实就是通过提问让其他与会人员能够跳出团队，更加全面地看待会议中讨论的问题，进而寻找出更加高效地解决问题的方案，提升会议效率。所以，20 多岁的人在会议的讨论环节不用急于发言，而是要掌握提问的方式，积极、主动地提问。

07 30 多岁的人如何参与讨论

30 多岁的人在企业中一般有多年的职场经验，或是已经晋升了主管等职务的员工。通常来说，30 多岁的人在团队中有以下几个优点，如图 5 -5 所示。

- 对工作充满干劲，会积极地参与团队的各项活动，如会议等
- 头脑比较灵活，思维较敏捷，能够了解市场的发展趋势
- 了解团队的战略，熟悉团队的工作内容和工作流程
- 能够站在团队发展的角度思考问题，提出能够促进团队发展的方案

图 5 -5　30 多岁的人在团队中的优点

基于这些优点，30 多岁的人发表的意见通常比较有价值，能够帮助团队解决实际问题。因此，30 多岁的人可以通过提出不同意见的方式参与讨论，体现自己的价值。

我们明确知道，当会议陷入无休止的争论时将很难形成有效决议。实际上，除了这种情况，当会议陷入“这样就好”的同调倾向时也将很难形成有效决议。这两种情况是相对的、比较极端的。所以要想形成有效决议，提高会议效率，除了要避免会议陷入无休止的争论，也要避免会议陷入“这样就好”的同调倾向。

要想避免会议陷入“这样就好”的同调倾向，就必须有一些能够提出不同意见的人。30多岁的人就是比较好的人选，因为他们对团队的工作、会议议题认识比较深刻，能够针对性地提出不同的意见。

（1）以积极的态度提出不同的意见

在会议讨论环节，30多岁的人不妨根据自身的工作经验，对议题的认识积极、主动地提出一些不同的意见。例如，“我很赞同某某的意见，但是我还有一些不同的想法。”

提出不同的意见，能够使会议氛围更加活跃，并且能使与会人员注意到问题的本质。但是提出不同的意见需要有一定的勇气，而且当不同的意见出现时伴随而来的还会有以下几个问题：

打破平静的会议氛围；

在会议上树立“敌人”；

会让发言人认为自己一个人在孤军奋战；

……

所以，在会议中提出不同的意见是一把双刃剑，那么，30多岁的人如何做才能避免不利的一面呢？放弃提出不同的意见吗？当然不是。我们先来分析以上几个问题产生的原因。

实际上导致以上几个问题出现的关键原因并不是提出了不同的意见，而是提出意见的态度和方式是错误的。这种错误主要体现在以下 3 点。

一是消极的姿态。打断他人的发言或者在他人发言结束后立即表示“我不认同……”。

二是直接否定却不给出任何理由。没有理由的否定很容易让对方产生厌恶的心理。

三是只从个人的角度提出不同的意见，而不是从大局角度考虑问题。

以错误的消极的态度提出反对意见不但难以产生好的效果，还有可能导致会议陷入无意义的争论。所以，要想规避以上几个问题，30 多岁的人应当采取积极的态度提出不同的意见。

所谓“积极的态度”是先肯定对方，然后用较温和的语气表达自己的意见。例如，面带微笑并委婉地说：“某某提出的意见很好，可以帮助团队解决一些实际问题，但是我认为这个意见也存在一些不足之处，如果得以改进的话，将会取得更好的效果。”

用这种语气表达不同的意见显然要比直接皱着眉头说“不”更加容易让对方接受。

（2）在提出不同的意见后提交备选方案

没有人能够接受自己的意见被无缘无故地反驳。因此，在提出不同的意见后一定要提交备选方案。具体来说，可以采取“不同的意见＋备选方案＋正面短语”的形式表达，如图 5－6 所示。

给出不同的意见以及备选方案后，对方基本能够接受这个不同的意见。如果再继续给出一些正面鼓励的话，会让会议氛围变得更加和谐、积极，也能让对方真诚地感到你并不是在否定他，进而愿意接受不同的意见。

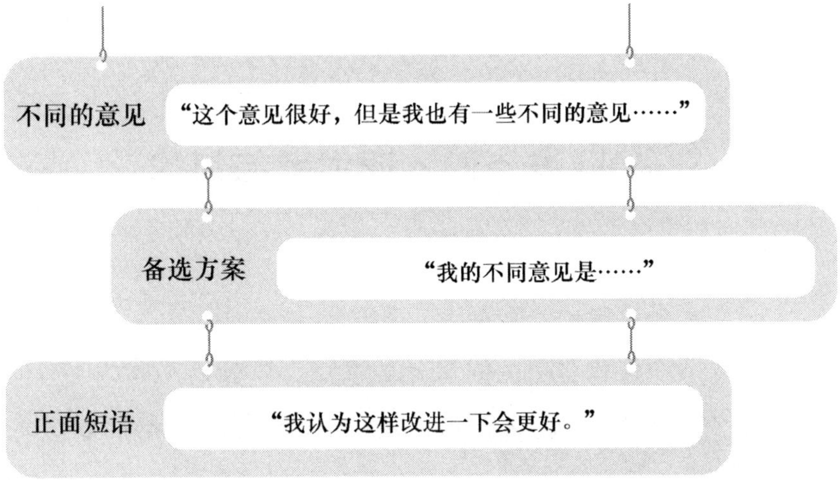

图5-6　在提出不同的意见后提交备选方案

(3) 发言要体现出责任感

提出不同的意见的本质不是为了否定对方，而是为了能够帮助团队解决问题。所以，提出不同的意见时一定要有责任感，要基于帮助团队解决问题的层面提出不同的意见。

如何体现责任感呢？除了要发自内心建立责任感外，还可以在提出不同的意见并提交备选方案时说“之所以提出这个不同的意见，是希望大家可以从不同的角度看待这个问题，并快速找到有效解决问题的办法”，让其他与会人员感受到你的责任感。

30多岁的人比20多岁的人对团队的认识更加深刻，也是处在积极为团队奋斗、希望实现个人成长和发展的年龄阶段。在这个阶段，他们有能力和胆识基于自己的工作经验和对团队的认识发出一些不同的声音。这些不同的声音可以让团队更全面地看待问题，并高效地解决问题。简单地说，30多岁的人在会议中发出的不同的声音就是他们的价值所在。

08 40 多岁的人如何参与讨论

40 多岁的人在企业中一般是有丰富的工作经验和阅历的员工，部分 40 多岁的人在这个年龄阶段已经处于管理层。具体来说，40 多岁的人在团队中有以下几个特点，如图 5－7 所示。

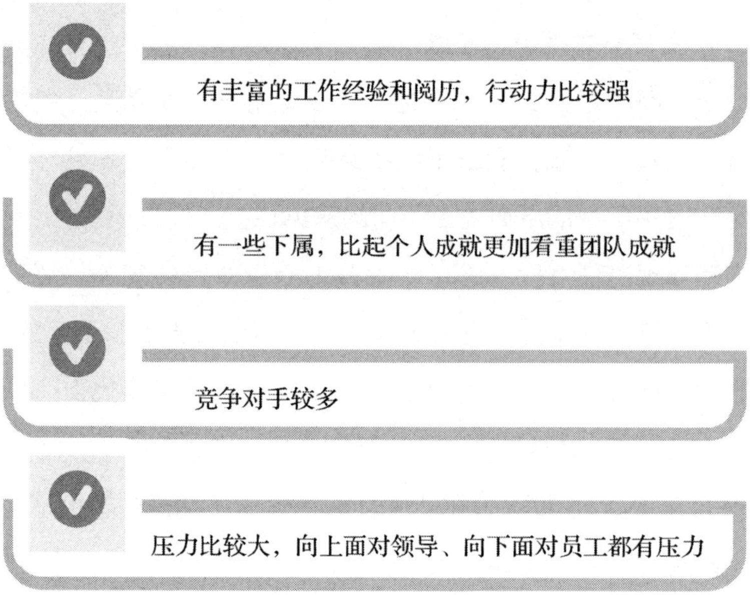

图 5－7　40 多岁的人的特点

从 40 多岁的人的特点分析，他们是团队的管理层，注重团队的发展，而且所说的话有一定的影响力，能够引导团队员工朝着正确的方向思考问题，寻找解决问题的方案。这类人通常会担任会议的负责人或者其他关键性角色，在会议中参与讨论最好采取“软硬兼施”的方式。

所谓的“软硬兼施”是指既要按照既定议程推进会议，也要给出自己的建议和评价，发挥每一个环节的价值，具体如表5－1所示。

表5－1　40多岁的人发言应“软硬兼施”

项目	提问	建议	评价	指示
思考扩展	表达完毕了吗	是否还有其他意见	仅此还不能够解决实际问题	请继续讨论关于××方面的事情
讨论安排	你不认为这一点比较难以实现吗	是否能将讨论的范围缩小一点	我们必须把讨论的范围缩小到××两个关键问题上	××跟××两个问题比较关键
方向修正	指出哪些地方讨论得比较好	为什么不深入分析一下具体原因	仅找出这些原因还不够	应该讨论最根本的原因
最终修正	××是较为本质的原因吗	试着询问不同与会人员的意见	无须发表评价	请与会人员畅所欲言

为了便于理解表5－1中的信息，我们将它分为纵轴和横轴两个部分。

纵轴表示会议的进度。按照会议的进度，40多岁的人在会议上要做的事情就是思考扩展、讨论安排、方向修正以及进行最终修正。简单地说，40多岁的人其实在整个会议的进行中都需要发言，这样才能确保会议可以按照既定流程顺利地推进，并得出有效的意见。

横轴相对来说具有一定的强制性，表示强制授权。40 多岁的人需要通过一些特定形式的发言，使纵轴上的每一个环节都可以更加深入地进行，进而确保最终的会议效果。具体来说，40 多岁的人可以通过提问、建议、评价以及提示等发言方式使会议中的每一个环节得以深入地进行。

下面我们以“思考提问”和“讨论安排”环节为例，展示“软硬兼施”的技巧。

（1）思考提问

在思考提问环节，40 多岁的人可以通过提问激发与会人员的思维，促进大家提出更多的建议。这属于“软硬兼施”中的“软”，可以让与会人员自由地发表自己的意见。但是这个时候有一个问题需要注意，会议的时间有限，如果一味地让与会人员发表意见，会议可能无法按照既定的流程推进。因此，在该环节还需要展示“硬”的一面，即可以通过建议、评价、指示等方式控制时间，推进会议议程。

（2）讨论安排

经过思考后，便要进入下一个环节——讨论安排。在讨论安排环节，建议 40 多岁的人以“建议”“指示”为主要发言方式。因为经过思考后，与会人员的思维比较活跃，很容易失去讨论的方向。为此，在讨论安排环节，40 多岁的人应及时给出建议、评价和指示，使与会人员可以围绕会议主题准确地展开讨论。

除了以上两个环节，其他任何环节都可以按照提问、建议、评价、指示等方式展开，使得每一个环节的内容既可以按照既定流程进行，又可以有效发挥每一个环节的价值。

40多岁的人在会议讨论环节主要扮演控场的角色，应懂得采取“软硬兼施”的策略，推进会议可以按照既定流程展开，并达到理想的会议效果。这样做才能在最大程度上发挥40多岁的人的价值，提升会议的效果。

09 50 多岁的人如何参与讨论

一般情况下，在一家公司 50 多岁这个年龄阶段的人并不会太多。这些人在公司的职业路径通常有两个。

一是在管理岗位努力前进。

二是追求在专业领域成为专业人士。

无论他们选择了哪一个职业路径，都可以说是在工作中积累了丰富的经验和阅历的元老级员工，可以帮助 20 多岁、30 多岁以及 40 多岁的员工解决一些工作中的困惑。

例如以下这些困惑：

“如何解决工作中面临的困难？”

“如何解决工作中的某个问题？”

“如何对自己的职业进行规划？”

……

年轻一代的员工总是在工作中不断寻找这些答案，以使自己在工作上取得一定的成就。因为 50 多岁的人在工作中有丰富的经验和阅历，年轻一代的员工也愿意相信他们所说的话，并且会认真执行他们给出的一些意见。因为在他们看来，这些都是花钱都很难买到的宝贵经验。

这些丰富的经验其实就是 50 多岁的人的价值。因此，50 多岁的人在会议上要充分发挥自己的这些价值，促进会议形成更有价值的决议。

那么，50多岁的人应该如何参与讨论才能真正发挥自己的价值呢？我们在本章第6节提到，20多岁的人参与讨论的最佳方式是提问，50多岁的人就是回答这些问题的最佳人选。

（1）给出建设性的建议

很多50多岁的人已经是知识结构比较全面的人，因此他们可以基于自己的知识结构给20多岁的人一些建设性的建议。50多岁的人的知识结构主要包括公司现在和过去的发展历史、社会层面和其他公司层面的知识。

对于20多岁的人来说，他们没有这样的知识储备，而且他们需要获得这些知识。因此，当有20多岁的人提出一些相关的问题时，50多岁的人不妨根据自己的知识结构回答这些问题，并给出建设性的建议。

具体可以按照以下公式给出建议。

现在和过去的知识 + 社会和其他公司的知识 + 建议（应该如何做）

例如，某新员工问："为什么不能采用A员工提出的营销策略？在我看来，这个策略非常有创意。"

50多岁的人可以这样答："基于公司现在和过去的经营状况而言，暂时没有足够的实力去实施这个营销策略。而且基于市场考察发现已经有一些竞争对手采取了该策略，但是市场反应并不是很好。当下我们要做的是对该策略进行进一步的改良，使公司有实力去执行该策略且能够取得很好的市场反应。"

上面的回答既可以让提问者明确为什么该策略不能执行，还能让提问者清楚公司的现在和过去、社会和其他公司的情况。此外，还能让提问者明确在判断一个策略是不是可行时，需结合各方面的情况做具体衡量。

这个公式其实就是一个传达知识、共享信息的过程。会议中的讨论从某种意义上来说就是共享信息，然后基于这些信息展开思考、讨论，得出有效的意见，形成最终决议。所以，会议中遇到一些问题时，50 多岁的人要主动回答问题，成为其他人的“教练”，发挥自身的价值。

（2）帮助会议负责人做出一些决断

职场人士必须有预测未来，根据趋势做出判断的能力。一般来说，50 多岁的人因为工作经验和人生阅历较丰富，通常具备预测未来并做出判断的能力。这种能力也是 50 多岁的人的价值的一种体现。所以，在会议上如果需要做出一些决断时，50 多岁的人不妨发表自己的意见，帮助会议负责人做出一些决断。

50 多岁的人在帮助会议负责人做出决断时，无论是赞成还是反对，都要基于自己的知识结构给出充分的理由。例如，“我同意 C 采取直播的方式销售产品的意见。按照这款产品过去的销售情况以及当下的市场状况，同时参考竞争对手公司上个月尝试直播销售的业绩，我认为采取直播的方式销售产品是可行的”。

相比 20 多岁、30 多岁、40 多岁的人而言，50 多岁的人是尝尽了职场、人生的酸甜苦辣，更加能够给出建设性的建议、能够做出一些有效决断的人。所以，50 多岁的人切不可忽视自己的价值，在会议上也要积极地参与讨论，充分发挥自己的优势，促进会议高效进行。

第 6 章
快速形成决议的 8 个决策技巧

高效会议中形成的会议决议中有一个比较显著的特点——时效性，即采取一定的策略和技巧快速形成会议决议。这样做的价值主要体现在两个方面：一是可以节省会议时间，提升会议效率；二是快速形成决议并执行，能够使团队获得更多的机遇。

01 所谓好的决策就是快速的决策

A. J. S 公司副总裁普希尔曾提出“普西尔定律”，该定律认为在做出一项正确的决策之前，速度是关键。这就是著名的“普西尔定律”，简而言之，**再好的决策也经不起拖延**。

该定律同样适用于会议中的决策。如果会议中不能快速形成决策，那么该会议很容易成为零效果会议。

某著名搜索引擎公司的董事长为了提高决策的速度，经常从会议一开始就设定做出决策的截止时间。即便他不能单方面地做出重大的决策，也会尽可能确保在一个特定的时间内做出决策。这种决策制度极大地提高了该公司会议的效率。

无独有偶，某知名社交网站的董事长也将“快速决策，快速行动”作为自己的社交网站成立之初的管理策略。面对社交网络这个足以带动全球性革命的想法的时候，该董事长并没有过多地思考，而是立即做出决策执行。在该董事长看来，要验证决策的正误，就必须把产品放到真实的环境中，得到真实的反馈，才能不断地改进真正符合用户需要的好产品，而这一切的前提都是“快速决策”。

从以上两个案例可以很直观地看出快速决策的重要性。在会议中，快速决策显得更加重要。会议中难免会因为各种问题而耽误会议进程，导致无法快速形成决议，而具备快速决策能力的会议负责人可以有效推动快速决策，促进会议决议的形成。

但要注意的是，快速决策并不是指在规定的会议时间内仓促地做出决策，而是在既定的时间内快速地做出有效的决策。具体来说，会议负责人应注意以下几点。

(1) 做决策之前就思考清楚

在会议的各个环节都需要做出不同的决策，而不同的决策需要花费的时间也不同。所以，不能以偏概全地要求与会人员在相同的时间内做出任何决策，会议负责人也是如此。实际上，在做出决策之前就应该将相关问题思考清楚。具体应思考以下两个问题。

这个决策值得花费多少时间？注意这里的关键词是“值得”，就是做出这个决策花费多少时间才能创造会议的价值。

需要什么人参与？不同的决策需要不同的人参与，耗费的时间也会不同。因此，在做决策之前就应当明确哪些与会人员适合参与决策，这样便能提升做决策的速度。

明确这两个问题就可以在一定程度提升会议上做决策的速度。所以，不能因为会议的时间不够而仓促决策，应当在做决策之前多加思考。

(2) 明确有些决策不能一味地追求速度

快速决策只是一个相对的说法，因为会议中有一些决策并不能一味地追求速度。

不能一味地追求速度的决策主要有以下三种。

一是比较复杂、重要的决策。这种决策需要收集更多的信息、进行更加深入的讨论，一定不能仓促地做出决策。否则，可能会给团队造成损失。

二是一旦做出就不能轻易逆转的决策，或者草率地决策可能会给团队带来毁灭性损失的决策。这种决策必须谨慎思考、仔细论证，一定不能在短时间内仓促地做出决策。

三是不会影响员工的日常工作、不着急的决策。这种决策可以多花一点时间和精力去研究、分析，以确保决策的有效性。

在面对以上三种决策的时候可以适当放宽时间。但是这个时间也是相对的，不能认为时间充足而故意拖延，这样也会影响决策的有效性和会议效果。

(3) 快速的决策一定是团队的共同决策

会议上，一些会议负责人为了快速形成决策很可能会直接自己“拍板”做出决策。这种决策的速度的确很快，但是通常情况下，这种决策往往很难被与会人员接受，导致后期执行难度较大。

有效的快速决策通常都是团队共同做出的决策。所以，一般情况下，会议负责人不能为了追求速度而忽视与会人员的意见和想法，而是要鼓励、号召与会人员积极参与讨论，引导大家达成共识，快速形成有效决策。

(4) 在规定时间内做出决策

没有时间限制也是会议上无法快速决策的关键原因之一。所以，为了提高决策的速度，必须明确规定做出决策的时间。会议负责人可以按照以下方法设定决策的时间，并要求与会人员在规定时间内做出决策。

首先，会议上有不少环节需要做出决策，会议负责人要做的是根据各个环节的具体内容确定需要做出决策的时间。例如，“针对新产品的宣传方案我们讨论得差不多了，大家争取在 10 分钟内确定采取哪种方案”。

其次，在规定时间快到的时候会议负责人应提醒与会人员决策的时间。例如，“距离我们规定的决策时间还剩下5分钟，请大家抓紧时间”。

最后，统一与会人员的意见、达成共识并做出最终的决策。例如，“经过刚才的讨论，我们锁定了两个方案，现在大家针对A方案和B方案举手表决，我们最终将采取票数较多的方案”。

不管任何行业，在同等条件下，速度快的人往往更加容易胜出。同理，快速形成决策的会议往往更加高效。所以，高效会议一定要以“快速决策”为核心目标。

02 掌握自己的决策权

快速形成决议的一个十分基础且关键的要点是会议能够按照既定的流程顺利地推进。但是，会议中难免会出现一些问题导致会议无法按照既定的流程推进。例如以下几个问题：

与会人员产生分歧，导致他们争论不休；

与会人员讨论的时候偏离会议主题；

发言的时候大家抢着发言；

……

解决这些问题其实并不困难，需要会议负责人掌握自己的决策权限，并在关键时刻行使自己的决策权。会议上的决策权是指为了确保能够快速形成会议决议，会议负责人具备的、对某事项进行决策的范围和权利。例如，在会议中出现争论不休导致会议无法按照既定会议议程推进的时候，会议负责人便可以行使自己的决策权，终止无休止的争论，引导讨论按照正确的方向进行。

具体来说，会议负责人在会议上的决策权限主要体现在以下三点。

(1) 引导讨论

会议上如果与会人员发言的时候抢着说话、插话或者闲聊，就会耽误会议的进程，导致无法快速形成决议。这个时候会议负责人就可以行使自己的决策权，引导与会人员有序地发言、讨论。

首先，给予与会人员发言权并引导与会人员有序发言。会议负责人应给予与会人员发言权，并根据会议上的具体情况引导与会人员有秩序地发言。例如可以这样引导：“下面有请张亮发言，下一个要发言的李礼可以做准备。”

其次，引导与会人员讨论，推动会议按照既定的流程进行。与会人员在讨论的过程中很可能出现闲聊、偏离会议主题等情况，进而导致会议无法按照议程推进，影响决议的形成。这个时候会议负责人可以简单地重复与会人员发言的要点，并指出其中的新意和可取之处，引导与会人员朝着正确的方向进行深入讨论。

此外，还有一种情况就是会议讨论环节没有人愿意发言，这也是导致无法快速形成决议的关键原因之一。这个时候会议负责人便可以通过一些问题或主动邀请某位与会人员就某个问题发表意见等方式，使讨论氛围活跃起来，会议可以按照既定流程推进。

这种在必要时候站出来说话、提问，引导与会人员发言、讨论，使会议可以按照既定的流程推进的做法就是会议负责人行使决策权的表现。

(2) 推动表决

在一些正式会议上，会议形成决议需要通过表决程序。表决程序的大致内容为是否表决、何时表决、怎么表决等。表决的时候，任何与会人员都可以发表意见。但是，推动表决的决策权属于会议负责人。

首先，会议负责人要选择表决形式，如通过举手的形式表决，或者匿名投票的方式表决。具体选择哪一种表决形式可视具体的会议议题或与会人员的习惯而定。

其次，确定何时表决。在恰当的时候表决才能形成有效决议，所谓“恰当的时候”是指什么时候可以表决，这是会议负责人需要决策的事情。例如，当会议负责人认为关键问题尚未解决，还需要进行进一步的讨论才能做出最终决策时，便可以要求与会人员针对关键问题进行进一步的讨论，以加速会议决议的形成。

此外，会议负责人还可以根据会议的议事规则，决定不同的会议议题的提案、表决的先后顺序及方法。这样做也是为了能够加快会议进程，快速形成会议决议。

(3) 明确决议

最终的会议决议一定不是会议负责人一个人“拍板”决定，但通常是会议负责人最终敲定的。具体来说，就是在会议讨论环节结束且形成统一意见，做出最终决策后，会议负责人要再次重申最终决策，明确会议最终的决议。

例如可以这样做出决议：“根据会议上大家发表的意见及讨论，最终我们确定的方案是……”

这样做的目的主要有两点：一是通过会议负责人说出来更加有权威性，进而更加能够让与会人员信服并执行；二是让与会人员更加清楚此次会议的决议，并以此指导自己接下来的工作。

会议负责人在会议中行使决策权的关键作用是在任何犹豫不定的关键时刻能够快速做出选择，以推进会议按照既定流程进行，进而快速形成会议决议。所以，会议负责人能否掌握自己的决策权并在关键时刻做出决策，决定了能否快速形成会议决议。

03 对会议中的意见进行“断舍离”

“断舍离”是一种生活理念，指剔除生活中不必要、不舒适、不合适的部分，让自己生活在宽敞舒适、自由自在的空间，愉快地生活，这种理念也可以运用到会议中。会议负责人应培养“断舍离”的理念，对会议中的意见进行“断舍离”，剔除不适合、不成熟、无法实施的意见，让会议在更加聚焦、更加高效的氛围中形成决议。

（1）对提出的意见进行整理

对意见进行“断舍离”的前提是对意见进行整理。实际上，在第5章第5节“让所有人的意见可视化”中就已经对提出的意见进行了初步的整理。在这里，会议负责人要做的是从可视化的意见中快速地筛选出不适合、不成熟、无法实施的意见并将其剔除。

剔除此类意见的时候可以采取以下两种策略。

第一，根据会议主题剔除不合适的意见。与会人员提出意见的时候难免会因为忘记会议目标和会议主题而提出一些与主题无关的意见，这种意见就是无效的，可以直接剔除。

在对意见进行整理并筛选、剔除不合适的意见时可以对照会议主题进行筛选、剔除。

例如，会议的主题是“减少客户投诉”，提出的意见是“调整薪酬制度”。这个意见显然与会议主题不符，可以立即剔除。

第二，让与会人员指出不合适的意见。对意见进行整理的环节也可以邀请与会人员参与其中，鼓励他们勇于指出一些不合适的意见。

例如，会议负责人可以说“我们现在针对意见进行分析、讨论，你们认为哪些意见不太合适？为了快速做出有效的决策，希望你们可以大胆地发言”。当一个意见被大多数人指出不太合适并经过会议负责人确认后，便可以直接剔除。

但要注意的是，在剔除不合适的意见时应委婉表达，避免提出相关意见的发言人产生负面情绪。

例如，“你们提出的意见都非常有价值，但是我们必须根据会议主题以及一些实际情况挑选出能够帮助团队解决问题，促进团队发展的意见。所以，如果你的意见没有被采纳，千万不要为此感到苦恼，你提出的意见只是不适合本次会议的议题，可能在下次的会议中就能够帮助团队解决实际问题”。

（2）对模棱两可的意见进行进一步的讨论

对提出的意见进行整理并剔除一些不合适的意见，其实是一个初步筛选的环节。在这个环节难免会遇到一些模棱两可、无法确定是否可行的意见，这个时候就需要花费相对多一点的时间和精力，对这些意见进行进一步的讨论，以确定该意见是否需要“断舍离”。

该环节也需要所有与会人员参与其中。与会人员需要就这些模棱两可的意见发表自己的看法，给出自己的选择。无论与会人员是赞同还是反对某个意见，都必须给出充分、恰当的理由。否则，将很可能会错失比较有价值的意见。

通常来说，这个环节遵循“少数服从多数”的原则，即当大多数人支持该意见的时候便保留该意见，否则应直接剔除该意见。

在该环节结束后，剩下的意见基本都是相对合适，能够有效帮助团队解决问题，可以形成最终决议的意见。换句话说，这个时候已经成功对会议中的意见进行了“断舍离”。

但要注意的是，“断舍离”并不是为了追求速度，为快速形成会议决议而随意地舍弃一些意见。实际上，对会议中的意见进行“断舍离”的本质其实就是为了给与会人员留出更多的时间和精力，将这些时间和精力放在更加合适、有价值、能够促进会议决议形成的意见上。

所以，对会议中的意见进行“断舍离”的时候千万不能随意选择一些意见舍弃，而是应当采取以上两个步骤在短时间内将不合适的意见剔除，将更多的时间和精力留给更加有价值的意见，进而提升会议决议的速度。

04 不受“谁说的”影响

在会议的讨论环节，比起发言人的发言内容，一些与会人员会更加关注这些内容是“谁说的”。这种情况也是影响快速形成会议决议的关键原因之一。

关注“谁说的”容易忽视意见本身，不利于快速形成有效决议。与会人员之所以会更加关注“谁说的”，一般是因为这类发言人有一定的工作能力和阅历，比较有权威性。当与会人员的焦点始终在人身上而不在意见身上时，他们便很容易忽视一些人提出的意见。但是，会议的本质是锁定会议目标，围绕其发表不同的意见并展开深入讨论，最终形成有效决议。当一些意见被忽视时，讨论就会成为一个形式。这种情况下很显然无法有效讨论并快速形成有效决议。

忽视其他与会人员的意见，不利于快速形成决议。当与会人员更加关注“谁说的”的时候，其他与会人员的意见便容易被忽视。因为他们很容易理所当然地认为这些权威者提出的意见一定是正确的，如“他工作能力强，说的一定是对的”“我没有必要再表达什么，我的工作经验远没有他丰富呢”。但是，会议要想快速形成有效决议，就必须全体与会人员参与并发表意见。所以，忽视其他与会人员的意见也不利于快速形成决议。

关注“谁说的”，容易导致会议偏离主题。当与会人员过于关注

"谁说的"的时候，他们便会把焦点放在这些人身上，并且会按照这些人的思维和方式去展开讨论。这样很容易导致会议偏离主题，最终自然无法快速形成决议。

基于以上三点，会议进行过程中一定要做到不受"谁说的"影响。具体来说，会议负责人在会议中应强调以下几点。

（1）强调平等原则，每位与会人员的发言都应当被重视

会议上，一些与会人员之所以会受"谁说的"影响，很大一部分原因是在他们心中有一个等级排序。这个排序可能是根据职位，也可能是根据能力、经验或其他事情来排序。例如，经理、主管、员工这种职位排序。

无论是哪一种等级排序，当排序靠前的人或者排序在自己前面的人发言时，与会人员便会认为这些人的发言比较重要，甚至会直接遵循他们提出的意见。

但是高效会议应遵循人人平等的原则，否则将无法发挥每一位与会人员在会议上的价值，进而无法快速形成有效决议。因此在会议上，会议负责人应强调人人平等的原则，尤其是在会议的讨论环节，应充分尊重每一位与会人员发表的意见。

例如，可在会议上这样强调："会议上人人平等，没有职位的高低，没有学历和能力的高低，任何人的声音都值得被听见。"

当与会人员明确自己在会议上是平等的、发表的意见能够被尊重时，他们会尽情地发表自己的意见，进而促进快速形成会议决议。

（2）强调要关注发言的内容，不要关注发言的人

会议其实就是促进与会人员发言并积极地参与讨论，然后集大家之所长，快速形成决议的一项工作。所以，在会议中应当关注每个人的意见，而不是关注这个意见是谁提出的。如果过于关注发言的人，与会人员就很容易受到“谁说的”影响。

为此，在会议上，会议负责人应强调“在发言人发表意见的时候一定要认真倾听，我们要关注的是他们所发表的意见本身”。

这样一来，与会人员的焦点就会放在意见本身，而不是发言人的身上。当与会人员关注意见本身的时候，便能够清楚哪些意见可取，哪些意见存在问题，然后可以有针对性地展开讨论，选择有效的意见，促进会议决议的形成。

但要注意的是，这里并不是说要忽略发表意见的人，因为这样做也会导致发言人认为自己被忽视了而失去发言的积极性。所以，在强调与会人员关注发言内容的同时，也要给予发言人肯定，表达出对发言人的重视和尊重，例如，“感谢××提出的意见”。

(3) 强调会议目标，始终聚焦会议目标

会议负责人或与会人员之所以会受“谁说的”影响，还有一个比较关键的原因是他们忽略了会议目标。

高效会议的最终目的是形成决议，实现会议目标。但是，当会议负责人或与会人员忽略会议目标的时候，便会更加关注“谁说的”，并会以此为标准衡量与会人员发表的意见。这样做显然不利于快速形成决议。

相反，如果他们明确会议目标并始终聚焦会议目标，便会更加关注与会人员发表的意见，并且会以实现会议目标为标准，衡量与会人员发表的意见。这样讨论并筛选出来的意见才更能帮助团队解决实际问题，快速形成有效的决议。

所以在会议上，会议负责人应时刻提醒与会人员明确会议目标，并基于此目标发表意见并展开讨论。

总的来说，当与会人员受“谁说的”影响时，很可能使会议出现“一边倒”的情形。在这种状态下，将很难讨论出有效意见，促进决议的形成。所以在会议上，会议负责人一定要强调与会人员应关注意见本身，聚焦会议目标，而不要过度关注发表意见的人。

05 不要为了抢时间而仓促决策

在本章第1节中我们就强调，快速决策并不是为了抢时间而仓促决策，因为仓促做出的决策很可能是无效决策。这种无效的决策不但不能帮助团队解决问题，还会增加团队的成本，阻碍团队的发展。因此，会议负责人千万不要为了抢时间而仓促决策。

出现抢时间而仓促决策的情况一般是因为会议到了结束时间，但是与会人员的意见迟迟不能统一。这个时候会议负责人会为了抢时间而行使自己的决策权，“拍板”做出决策。这样虽然在规定时间内做出决策，但是这种方式并不可取。

到会议结束时间还未做出决策时，会议负责人可以采取以下两个策略。

(1) 回顾会议目标，引导快速决策

到会议结束时间，与会人员其实已经进行了充分的讨论，对会议上提出的意见已有一定的见解。之所以迟迟不能做出决策的很大一部分原因是在讨论的过程中与会人员出现了分歧，或者遇到了一些很难解决的问题，进而导致很难达成一致意见。

在到了会议结束时间仍然还存在一些问题导致无法形成决议时，最简单、直接的方法就是通过提问的方式引导与会人员回顾会议目标，并就会议目标快速形成决议。

我们的会议目标是什么？面对这个问题与会人员会将焦点放在会议目标上，明确会议的最终目的。简单地说，就是在做决策前再次回顾会议目标，让与会人员明确会议讨论的方向。

为了达成会议目标，我们提出了哪些方案？如果只是简单地让与会人员回顾会议目标，而不回顾会议上的关键内容，那么他们即便知道了会议目标是什么，也很难根据会议目标快速做出决策。所以在明确会议目标后，会议负责人还应当引导与会人员回顾会议上的关键内容，即与会人员提出的所有方案。

现有的方案中我们是否可以选出一个最佳方案？回顾的最终目的是为了能够在有限的时间内快速做出决策，所以最后会议负责人还应引导与会人员对提出的所有方案进行思考，并选择一个最佳方案。

如果到会议结束时间还未形成最终决议，会议负责人就要通过提问的方式引导与会人员在有限的时间内明确会议目标，并根据会议目标从所有意见中筛选出最佳方案，从而快速形成会议决议，这样才能提升会议的效果。

(2) 明确没有解决的问题，约定下次会议

如果明确会议目标之后，与会人员还是迟迟不能解决会议中存在的一些问题，无法统一意见形成最终决议，那么建议就不必在会议上过度浪费时间，可以按照原定的时间结束会议。但要注意的是，这不是让会议上的问题不了了之。具体来说，如果出现这种问题可以采取以下做法。

首先，形成初步的会议决议。通常情况下，会议结束时已经形成了初步的会议决议，只有存在一些比较复杂、棘手的问题才导致无法形成最终决议。这种情况下其实可以就初步的会议决议展开下一步的工作。否则，该场会议就是零效果会议。

其次，明确此次会议中没有解决的问题，并约定下次会议时间。在会议结束的时候，会议负责人应详细记录此次会议中没有解决的问题并约定下次会议讨论。下次会议再讨论时，就可以进一步优化、调整上次的方案并形成最终决议。

当然，最理想的会议效果是可以在会议结束时形成有效决议，但是，会议上很多因素是不可控的，有时会遇到会议结束时间到了但是迟迟无法形成会议决议的情况。遇到这种情况其实非常正常，会议负责人不必惊慌，更不可仓促地做出决策。会议负责人此时要做的是根据实际情况，明确问题、解决问题并快速形成决议。如若不能解决问题，便可以将问题留到下一次会议，再进一步完善初步的决议。

会议负责人一定要明确一个道理，快速形成决策的关键在于时间，但是不能一味地为追求时间而仓促决策，而忽视了决策的有效性。这样做不亚于“捡了芝麻丢了西瓜”，与高效会议宗旨背道而驰。

06 提高共鸣和干劲的决策技巧

与会人员对决策的共鸣和执行决策的干劲将直接影响决策的执行。所以，好的决策一定是能够引发共鸣，提高与会人员干劲的决策。那么，在决策的过程中会议负责人如何做才能提高与会人员对决策的共鸣和干劲呢？

（1）建立信任关系，提高共鸣

提高共鸣和干劲的前提是与会人员相信会议负责人且与会人员之间也互相信任。只有建立信任关系，加强彼此的情感联结，与会人员之间才能有效地沟通、交流，进而才能产生共鸣和干劲。

具体来说，要想建立信任关系，会议负责人在做决策时应注意以下两点。

第一，尊重每位与会人员提出的意见。尊重是建立信任关系的前提，因此在做决策之前就应当尊重每位与会人员提出的意见。

例如，会议负责人这样强调："我们尊重每一位与会人员提出的意见，因为在我们看来，会议上提出的任何意见都是宝贵的、有价值的。"

这种肯定的表达方式既表达了尊重，也能增强与会人员的信心，促进与会人员在下次会议中更加积极地发表意见。

第二，强调是参考了大多数人的意见而做出的最终决策。实际上，会议上形成的最终决策未必能考虑到每一位与会人员的意见。这样做出的决策很容易导致一些与会人员因为自己的意见没有被采纳而失去干劲。为了避免产生这种问题，会议负责人在做决策之前应强调是参考了大多数人的意见而做出的最终决策。

例如，这样强调："我们将参考大多数人提出的意见做最终的决策。但是这并不意味着其他人提出的意见是无效的，只是参考的意见更加能帮助团队解决实际问题。"

这样表达既能够表示会议的最终决策不是会议负责人一个人的"拍板"决定，增强会议负责人与与会人员之间的信任关系，也能够有效避免一些与会人员因自己的意见没有被采纳而失去执行最终决策的干劲。

只有当信任关系建立后，与会人员才会认同最终的决策。

(2) 准备一张视觉图，提高干劲

与会人员认同会议负责人做出的决策并不等于他们一定有十足的干劲去执行这个决策。为了加强与会人员执行决策的干劲，会议负责人在做最终决策时还应当准备一张视觉图。

这张视觉图也可以称为"会议总结卡"，即将做决策之前的会议环节的信息整理在一张纸上或白板上。上面应包含会议目标、会议主题、会议议题、与会人员提出的意见等内容，然后对这些内容进行分析、总结，推导出最终的决策，如图 6－1 所示。

视觉图主要有以下几个作用。

第一，表明会议决策不是由负责人一个人"拍板"决定。当与会人员看到图中的信息时，他们便知道最终的决策不是由会议负责人一个人"拍板"决定的。这样做既能增强与会人员对会议负责人

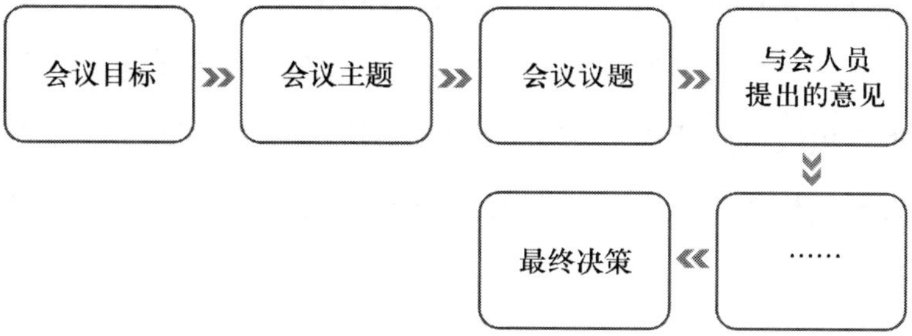

图6－1　视觉图

的信任，也能使与会人员更加认可最终的决策。

第二，以专业的方式分析得出的决策更加容易让与会人员信服，进而能够有效提升与会人员执行决策的干劲。通过一张视觉图呈现会议中的信息并对这些信息进行分析、整理，再做出决策，这种方式是较为专业的一种决策方式。专业的决策方式往往更加能说服与会人员，提升与会人员执行决策的干劲。

第三，把复杂的事情简单化，提高做决策的速度，进而促进会议决议快速形成。一场会议下来会收集很多信息，其中不少都比较复杂。如果单凭会议负责人的记忆来回忆、总结这些信息并做出决策，是一件非常困难的事情。但是视觉图可以让这种复杂的事情简单化，可以让会议负责人和与会人员对会议的关键信息一目了然，然后能够基于这些信息做出准确的分析、总结，并做出最终的决策。

第四，便于会议负责人和与会人员概览会议全貌。这种情况下与会人员更加容易发现一些分歧、问题，进而能够快速解决这些问题，做出决策。

所以在高效会议上，会议负责人通常都会在做决策前在白纸或白板上绘制一张视觉图，用以再次调动与会人员的思维，从中发现问题、解决问题并做出决策，进而促进会议决议形成。

任何决策都必须要落实才有效，而落实的前提是与会人员能够对决策产生共鸣和干劲。因此，会议负责人在做决策的时候要关注与会人员的想法，并采取一些技巧提高与会人员对决策的共鸣和执行决策的干劲。

07 形成会议决议的三大要点

快速形成会议决议除了要关注形成决议的时间，还要关注决议的有效性。

要快速形成有效的会议决议必须注意形成会议决议的3大要点，分别是财务观点、实现的可能性、与企业理念的整合性，如表6-1所示。

表6-1 形成会议决议的三大要点

三大要点	思考方向
财务观点	利润最大化、相关利益者价值最大化、社会价值最大化……
实现的可能性	人力成本、物力成本、财力成本……
与企业理念的整合性	企业的价值观、使命、愿景……

(1) **财务观点**

财务观点即企业的财务管理理念，是企业财务管理的一个重要组成部分，对企业财务管理的内容、方法及其工作质量有着重要影响。企业的一切事情都必须符合财务观点，否则财务管理便容易出现问题，进而导致企业走向失败。同理，会议决议也必须符合企业的财务观点。

企业的财务观点通常有以下3种。

一是利润最大化。这种财务观点认为，利润代表了企业新创造的财富。利润越多，说明企业的财富增长得越多，越接近企业的经营目标。

二是相关利益者价值最大化。这种财务观点认为企业的本质是利益相关者的契约集合体。这里的利益相关者是指所在单位真正拥有某种形式的投资并与投资风险相关的人。具体策略是将企业的利润与利益相关者的资本联系起来考察，用每股盈余（或权益资本净利率）来概括企业的财务目标。

三是社会价值最大化。社会价值最大化是指企业在追求公司价值最大化的同时必须承担一定的社会责任，实现利益相关者的协调发展，形成公司的社会责任和经济效益的良性循环，体现经济效益和社会效益的统一。

当然，不同的企业其财务观点亦不同，但是无论企业的财务观点是什么，形成的会议决议都必须符合其财务观点。

(2) 实现的可能性

会议决议必须落到实处才能帮助团队解决问题，推动团队发展。所以，形成会议决议时还应考虑会议决议实现的可能性。

会议负责人可以从以下 3 个方面切入，思考会议决议实现的可能性。

第一，人力成本，即执行该决议需要配置哪些人员，配置多少人。

例如，某个会议决议需要 8 个人配合执行。该团队刚好有 8 个人，于是会议负责人要求团队所有人放下手中的工作，全力以赴执行会议决议。

该团队看似有足够的人力成本去执行会议决议，但是仔细想想，如果将这 8 个人全部安排去参与会议决议，那么便会耽误团队的其他工作，降低团队整体的工作效率。所以，这种会议决议远远超出了团队的人力成本，实现的可能性不大，是无效决议。

第二，物力成本，主要是指资源方面的支持，如设备、技术等。

例如，执行某个决议需要引进一台智能设备，该设备国内市场上暂时没有，需要从国外引进。但是，团队一时很难找到引进的渠道。这种物力成本就超出了团队的能力，显然该决议实现的可能性不是很大。

第三，财力成本，即执行该会议决议需要投入的资金。

例如，引进先进的设备需要花费 60 万元，但是团队每年的营业额才 80 万元。如果引进该设备，加上团队的其他成本，则可能导致团队面临经济危机，从而无法继续发展下去。

所以，这种远超团队财力成本的会议决议也不太可能实现。

从以上 3 个方面，基本上可以分析出会议决议实现的可能性。当然，会议负责人还可以根据企业的实际情况做进一步的分析，用以明确实现会议决议的可能性。

（3）与企业理念的整合性

企业理念是企业在持续经营和长期发展过程中继承企业优良传统，适应时代的要求，由企业管理者提出，全体员工自觉地实践，从而形成的代表企业信念、推动企业不断发展的团队精神和行为规范。企业的任何行为都是基于企业理念展开的。因此，会议决议也必须能够与企业理念存在一定的整合性。

所谓的整合性是指会议决议必须与企业理念相符，否则会议决议也是无效的。

企业理念通常包括企业的价值观、使命和愿景。

企业的价值观是企业及员工的价值取向，是指在企业追求经营成功的过程中所推崇的基本信念和所奉行的目标。例如，阿里巴巴的价值观之一是“客户第一：客户是衣食父母”。

企业的使命是企业由社会责任、义务所承担或由自身发展所规定的任务。例如，阿里巴巴的使命是“让天下没有难做的生意”。

企业的愿景是组织在未来所能达到的一种状态的蓝图，阐述的是企业存在的最终目的。例如，华为的愿景是“构建万物互联的智能世界”。

不同的企业其企业理念不同，但是无论企业的理念是什么，形成的会议决议都必须符合企业愿景。否则，企业的价值也就无法得以体现，甚至会阻碍企业的发展。

可见，会议决议并非会议负责人简单的一句话，而是需要经过深入分析、认真考虑之后做出的谨慎选择。

08 决议＝结论＋下一步行动计划

不少会议负责人会这样抱怨：我花费了很多时间和精力，按照既定的会议流程顺利地召开会议，与会人员也积极地发言、参与讨论，并且大家达成了共识，做出了最终的决策。但是，为什么会议结束后与会人员还是各干各的，导致这次会议形同虚设呢？

导致这种情况出现的原因很简单，就是会议负责人只是简单地将“决议”等同为“结论”。结论只是一个概念，并不能促使员工采取行动，进而导致会议负责人在会议上所做的工作功亏一篑。

会议其实就是在讨论下一步要做什么。所以，有效的会议决议一定是“结论＋下一步的行动计划”，这样才能将会议的成果行动化，以促进达成会议目标，提高会议效率。这里的结论其实就是本章前几节内容中提到的决策，下一步的行动计划则是采取什么样的行动去落实最终的决策。

为了提高与会人员执行决策的干劲，会议负责人可以从以下三个方面制订下一步的行动计划。

（1）明确具体的任务

具体任务是指要达成会议目标具体要做什么事情，主要体现在以下几个方面。

第一，工作任务是明确的，而不是模棱两可的。所谓的明确就是要用清楚的语言描述工作任务。

例如，“减少客户投诉率”就是一种模棱两可的表达，准确的表达应当是“减少客户投诉。上个月客户的投诉率是5%，这个月要将客户投诉率降到2%”。

第二，工作任务是可以衡量的，而不是模糊的。会议负责人在传达任务的时候就要明确表达工作任务的衡量标准，否则与会人员很可能无法保质保量地完成工作任务。

例如，“要提升自己的工作效率”就是一个模糊的、无法衡量的工作任务，具体的工作任务应该是“这个月的个人绩效必须达到80分以上，低于80分就要接受一定的处罚，高于80分可以获得500元的现金奖励”。

第三，工作任务是可以实现的。工作任务一定是与会人员通过努力就可以实现的，否则他们即便接受了，也会出现抵触心理，再加之能力欠缺，便无法顺利地完成工作任务。所以，会议负责人在安排具体任务时须衡量团队及每一位与会人员的能力。

第四，工作任务与实现会议目标有一定的相关性。如果完成这项工作任务，并不能促进会议决议落到实处，达成会议目标，那么这项任务就是没有意义的。

例如，会议的目标是要提升客户意识，但是却安排与会人员熟练掌握Photoshop设计软件，两者之间没有太大的关联性。这种任务就是没有意义的任务。

会议负责人在传达任务的时候应当尽量遵循这4个特点，否则传达的任务便是无效的，与会人员就很难在既定的时间顺利地完成任务。

（2）明确任务的负责人

完成任务靠的是人，所以团队任务明确之后还要将任务分解成一个个能够落实到每一位与会人员身上的小任务。否则很容易出现有些任务没有人愿意接，有些任务却让与会人员抢着干的情况，进而导致整体任务不能完成，会议目标无法达成。

例如，某销售团队在月度计划会议上明确的决议是下个月的销售额达到60万元。为了更好地完成任务，该销售团队的管理者根据区域将团队分成3个小组：A组、B组、C组，首先明确了各小组的负责人；其次根据各区域的特点和小组成员的能力将任务进行了具体的分解，A组下个月的销售任务是10万元，B组下个月的销售任务是20万元，C组下个月的销售任务是30万元；最后由各小组的负责人将任务分解到每一个小组成员身上，让每一项任务都有具体的负责人。

一般来说，因为会议上的时间有限，所以很难做到明确每一项具体任务的具体负责人，尤其是大型会议。所以，会议上一般只要明确任务的主要负责人即可。但是为了提升与会人员的执行力，会议负责人应要求主要负责人在会后进一步分解工作任务，明确每一项具体任务的负责人，如A组的负责人是张三，张三在会后明确小组成员小王负责拓展50个新客户。

每一项任务的负责人越明确，越容易促使任务完成。

（3）明确完成任务的具体日期

如果没有明确完成任务的具体日期，那么与会人员便很容易产生惰性，将计划无限期地延迟下去。这样的计划必定是无效的，无法有效落实会议决议。所以，会议负责人在制订下一步的行动计划时一定要明确具体完成任务的日期。例如，规定团队需要在 2021 年 5 月 30 日之前完成某个项目。

规定具体日期既可以让与会人员根据时间制订自己的个人工作计划，有条不紊地完成各项工作任务，也便于管理者进行考核和跟踪。

按照以上三个步骤基本可以制订出一个较完善的行动计划。当然，会议负责人可以根据具体的决策以及团队的工作习惯等相关情况进一步完善下一步的行动计划，如表 6－2 所示。

表 6－2　下一步的行动计划

具体的任务	负责人	完成具体日期

制订下一步的行动计划后，会议负责人可以让与会人员用手机或笔记本将行动计划记录下来，也可以用邮件的形式将下一步行动计划发送到各自的邮箱，避免他们忘记行动计划的内容，也便于他们会后根据计划采取行动。

制订下一步的行动计划是高效会议的关键环节，无论会议结束后时间是否充足，会议负责人都需要花费一定的时间和精力制订下一步的行动计划。这样做之后你会发现，与会人员的执行速度和执行力将超乎想象，进而可以进一步提升会议效率。

第 7 章 会议后的 6 个执行策略

高效会议不仅要重视会前跟会中两个环节，更要重视会后的执行环节。如果会后执行效果不佳，那么将导致会前跟会中所做的工作都付诸东流。

01 会议记录一定要当天发放

不少会议负责人容易忽视会议记录的作用，他们常常在会议结束后就将会议记录放入档案室，或者等到与会人员询问会议中的相关情况时才将会议记录分发给他们。这样做就无法发挥会议记录的价值，甚至会耽误与会人员执行会议决议，进而影响会议效果。所以，为了避免出现这些问题，应当天就发放会议记录。

之所以要求会议记录一定要当天发放，除了备忘、加深与会人员对会议内容的记忆外，还能够让与会人员按照会议记录的内容行动起来，并以此作为依据检验与会人员的行动方向是否正确。简单地说，在会议当天将会议记录发放下去有助于促进会议的内容行动化。

(1)“趁热打铁”，进一步提升与会人员的干劲

有句俗话说“趁热打铁”，是指要抓紧有利的时机和条件去做事。要想促进会议决议落实，会议负责人就要懂得“趁热打铁”。当天就将会议记录发放下去，便是“趁热打铁”的一种方式。

会议中的“热”主要是指与会人员在会议上表现的积极性、热情以及执行决策的干劲。散会后立即将会议记录发放下去，便能够有效延续他们这种积极的情绪，有助于进一步提升与会人员执行会议决议的干劲。

如果当天没有将会议记录发放下去，与会人员的热情和积极性很容易被工作中的其他事情冲散，待到他们去执行会议决议的时候执行力也会随之降低。所以，会议负责人一定要懂得“趁热打铁”，在与会人员热情高涨的时候将会议记录发放下去。

（2）便于与会人员根据会议记录，及时调整工作计划

会议当天将会议记录发放下去，能够便于与会人员根据会议记录的内容，及时调整自己的工作计划，确保会议决议能够落到实处。

公司的会议通常有很多，如果当天不能将会议记录分发下去，不仅容易导致与会人员遗忘当天会议的内容，还容易导致与会人员不能十分明确自己接下来要做什么。他们可能会存在以下几个困惑：

不确定任务分工，即不清楚自己要完成哪些工作任务；

不清楚自己要负责什么，以及不清楚其他人的任务，进而无法更好地配合彼此；

不明确完成任务的日期；

……

当与会人员对这些信息不明确的时候，他们很可能会按照以下2种方式去处理接下来的工作。

一是按照自己的理解去完成任务。这种方式无法确保会议决议能切实落地。

二是什么也不做，只做好自己手头的工作，会议决议是否能完成与自己无关。这种状态下与会人员自然也无法高效地完成工作任务，促进会议决议落地。

所以，以上2种方式都是不可取的。为了避免以上2种状况出现，会议记录一定要当天发放下去。

在会议当天发放会议记录既能让与会人员知道自己要做什么，

并据此协调自己的工作，制订工作计划，还能进一步加强与会人员的责任感，让他们明确会议决议与每一个人相关，需要每一个人的努力付出。

明确了当天发放会议记录的重要性后，会议负责人要采取合适的形式在会议当天发放会议记录。常见的发放会议记录的形式主要有以下 2 种。

一是将会议记录打印成纸质文件下发给与会人员，人手一份。纸质的文件能够提升阅读体验感，也便于与会人员随时翻阅。

二是制作成电子文档并通过邮件或在线办公软件发送。这种线上形式也比较便捷，是新时代比较常用的一种传递信息的方式。但是要注意的是，通过线上形式发送会议记录很容易被与会人员忽略，因为他们每天要查收的邮件和接收的信息都比较多。因此，通过线上形式发送会议记录的时候应要求每位与会人员收到后要立即在线回复。为此，会议负责人可以在邮件的末尾写上“收到请回复”字样。如果没有收到回复，会议负责人则要再次发送或者直接当面询问与会人员是否收到。

无论采取什么形式都必须在当天将会议记录发放给与会人员且确保与会人员收到会议记录。

除了注意发送会议记录的形式外，会议负责人还应当注意的是，会议记录的内容一定要逻辑清晰、语句流畅。也就是说，在形成初步的会议记录后，会议负责人（或安排专人）要对会议记录进行整理，使会议记录的内容更加逻辑清晰、语句流畅。否则，将会降低与会人员的阅读体验，影响会议记录的传达效果，进而会影响会议决议的执行。

02 提高缺席者执行力的方法

会议缺席者通常是指会议要求必须出席而因故没有参加会议的人员，这类人员对会议决议的落实有着十分关键的作用。但是，这类人员因为没有参与会议，对会议的内容不了解，所以他们的执行力便会大大减弱，进而影响会议效果。因此，比起担忧与会人员的执行力，会议负责人更加应当担心的是缺席者的执行力。

那么，如何才能提高缺席者的执行力呢？

(1) 让缺席者了解会议内容

要想提高缺席者的执行力，首先要做的是让缺席者了解会议的内容。让缺席者了解会议内容的方式主要有以下2种。

一是发放并要求研读会议记录。会议结束当天，会议负责人应将会议记录发给每一位与会议相关的需要促进会议决议落地的人员，其中也包括缺席者。会后，会议负责人应要求缺席者仔细研读会议记录，并及时反馈从会议记录中获取的信息和存在的疑问。会议负责人可以通过与会人员的反馈明确其对会议内容的掌握程度，并在此基础上解答与会人员存在的疑问或理解不透的内容，从而进一步加深与会人员对会议内容的了解。待与会人员对会议内容有一定的了解后，会议负责人还应帮助与会人员一起制订行动计划。只有将与会人员对会议内容的理解落入计划中，才能提高与会人员的执行力。

二是安排专人帮助缺席者了解会议内容。如果缺席者在执行会议决议中承担着非常重要的任务，那么就有必要安排专人帮助缺席者了解会议内容，尤其要重点讲解缺席者所负责的工作任务及执行要点和标准。这个专人最好是团队管理者或需协作执行任务的其他主要负责人，因为他们都是对会议内容及缺席者要负责的工作任务及执行要点和标准比较了解的人。

无论是团队管理者还是其他主要负责人，都应在会议记录的基础上，再进一步强调会议中的关键内容，并将其负责的工作任务及执行要点和标准一一列出来，形成文档交给缺席者。在此过程中，如果缺席者遇到不理解的问题一定要深入探讨，确保缺席者能够了解并掌握会议内容，明确自己下一步的工作方向。还要帮助缺席者制订工作计划，进一步提升缺席者的执行力。

总之，会议负责人应通过各种方式帮助缺席者了解会议内容，尤其是在执行会议决议中承担着非常重要的任务的缺席者。

（2）加强对缺席者的提醒和监督

无论是通过会议记录还是专人的帮助，缺席者都或多或少对会议的一些细节内容无法了解。这种情况下，会议缺席者难免会在执行会议决议的过程中遇到困难，导致他们失去积极性和执行力，进而无法顺利地执行会议决议。解决这个问题比较直接、简单的方法就是加强对缺席者的提醒和监督。

首先，要提醒缺席者积极地行动起来。在缺席者对会议内容有一定的了解后，会议负责人便要提醒缺席者积极地行动起来。

其次，要承担监督的责任。会议负责人要时刻监督缺席者的工作，一旦他们遇到困难就要及时提供资源和帮助，以提升缺席者的积极性和执行力。

相对来说，缺席者因为没有参加会议，所以责任意识会比较弱，执行力自然也较低。在这种情况下，会议负责人要通过提醒和监督来增强缺席者的责任意识，提高他们的执行力。

（3）给予缺席者更多的鼓励

不少会议缺席者会因为自己缺席会议，对会议内容不了解而对执行会议决议缺乏信心，他们常常会存在这样的想法：“我没有参加会议，我肯定错过了很多关键信息，这些信息一定会影响我执行决议。”在这种观念支配下，他们会变得沮丧，逐渐失去执行力。

面对这种情况，会议负责人要做的是给予缺席者更多的鼓励，让他们有足够的安全感和信心去执行会议决议。

例如，这样鼓励缺席者：“虽然你没有参加会议，但是我相信以你的能力以及对会议内容的了解，一定有这个实力去执行会议决议并达成理想结果。如果遇到什么困难你可以及时反馈，我一定会尽我所能帮助你解决问题。”

这样一来，缺席者的安全感和信心都会进一步增强，进而激励他去执行会议决议。所以，虽然缺席会议是不应该被鼓励的事情，但是既然问题已经发生了，那么会议负责人就应该采取高效的方式降低损失，提高缺席者的执行力。

另外要强调的是，提高缺席者的执行力最为直接的方法其实就是从源头寻找解决方案，即尽量避免人员缺席会议。如果不是非常紧急、严重的事情，应要求与会人员必须出席会议，以确保会议决议的执行力。当然，具体如何做还应视与会人员的具体情况而定。

03 提高执行力的“进度管理”方法

“进度管理”方法通常用在项目中，是指采用科学的方法确定进度目标，编制进度计划和资源供应计划，然后进行进度控制，确保在与质量、费用目标协调的基础上，实现工期目标。“进度管理”方法的本质在于在既定的时间内制订出合理、经济的进度计划，然后在该计划的执行过程中检查实际进度是否与计划进度相一致，确保项目按时完成。

会议负责人也可以通过“进度管理”的方法制订执行会议决议的进度计划，并做好进度控制，以促进与会人员按照计划执行工作任务，确保会议决议落到实地。

在会议中采取“进度管理”方法提高与会人员的执行力时应做好以下几件事。

(1) 制订进度表，确定人员分工

在第6章第8节的内容中我们其实就有提到要制订下一步的行动计划，并明确计划的具体内容应包括具体任务、负责人和具体完成日期。如果要采取“进度管理”方法提高与会人员的执行力，就需要进一步细化这些内容。对这些内容进一步细化后可以制作一张进度表，确定人员分工和完成任务的具体日期，如表7-1所示。

表7-1 执行会议决议进度表

任务类别	工作任务	负责人	计划进度											
			3月		4月						5月			
			25日	31日	5日	10日	15日	20日	25日	30日	5日	10日	15日	20日
前期筹备														
中间执行														
后期监督														

这项工作看似很简单，但是它直接关系到会议决议能否顺利执行并达成理想的会议效果。所以，会议决议的执行阶段，会议负责人一定要花足够的时间做好会议决议执行进度表，确保分工到人并确定任务的截止时间。

制订执行会议决议的进度表时可以采用Excel表格或一些在线工具生成，这样便于实时更新会议决议的执行进度。会议决议执行进度表制订后还应全员公示，这一方面便于所有与会人员明确自己的任务和职责，并以此要求自己；另一方面也便于与会人员之间互相监督，可以进一步提升与会人员的执行力。

(2) 优化工作流程，提高与会人员的沟通和协作能力

优化工作流程，提高与会人员的沟通和协作能力可以有效提高团队协作能力，进而能够提高与会人员的执行力。

优化工作流程。提高与会人员的工作流程优化能力。越清晰、简化的工作流程越有利于与会人员完成工作任务，进而更能确保可以按照进度表推进工作。例如，利用在线办公软件简化工作流程，使上传下达变得更加准确、高效。

提升与会人员的沟通和协作能力。会议负责人应建立良好的沟通渠道，及时收集并反馈信息，协调内部资源，有效解决团队中存在的问题，促进与会人员执行力的提升。例如，按照小组的形式分配工作任务，而且必须在小组的整体任务完成后，小组成员才能获得一定的奖励。这种方式就是为了将与会人员紧密联系在一起，促进他们为了实现统一的目标而互相沟通、协作。

(3) 定期检查节点，对进度进行控制

制订执行会议决议的进度表并不是意味着与会人员一定会按照进度表完成任务，他们很可能会因为各种原因而拖慢进度。为此，会议负责人还应设定节点并定期对节点进行检查，确保与会人员能够按照进度表推进工作。

常见的设定节点的方法有以下 2 种。

一是按照任务分类设置节点，例如，“前期筹备”“中期执行”“后期监督”，可以将三项任务的完成日期设置为节点，并在该日期进行检查。

二是按照时间段设置节点，例如，每周一例会上检查上一周的任务完成情况，并实时更新进度表。

以上两种设置节点的方式可供会议负责人参考，会议负责人也可以根据与会人员的习惯或团队的实际情况设置节点并定期检查节点。

定期检查节点的目的是跟进与会人员完成任务的进度，也便于及时发现问题，并为与会人员提供资源和帮助以解决问题，避免耽误执行会议决议的进度。

“进度管理”的本质是帮助会议负责人监控会议决议的执行情况，以促进与会人员能够积极地执行会议决议，促进会议的目标达成。“进度管理”到位也是高效会议的典型特征，即能够按照既定的进度推进会议，落实会议决议。所以，“进度管理”方法是会议负责人须掌握的高效管理会议的必备技法之一。

04 执行中跟踪行动

衡量一个会议是否有成效，一是要看会议是否能够形成有效的决策，二是要看会后的决策是否能在规定的时间内实现。因此，会后对与会人员的行动进行跟踪就显得非常重要。只有会后有跟踪，才能使会议决议成为生产力，才有望实现高效会议。

因此，为了进一步促进与会人员能够按照进度表执行任务，达成会议目标，会议负责人还应在执行任务的过程中跟踪与会人员的行动。

这里的“跟踪”不是指要时刻紧盯与会人员，这样很容易给与会人员造成一定的压力，导致他们无法更好地发挥自己的潜能，成功地完成任务。那么，如何才能进行有效跟踪呢？

(1) 搜集信息，了解与会人员的工作进度和结果

有效跟踪的首要工作是搜集相关信息，了解与会人员的工作进度和结果。

搜集相关信息的方式主要有以下几种。

通过执行会议决议进度表搜集信息。在上一节的内容中我们提到为了提高与会人员的执行力，可以制订一张执行会议决议的进度表。会议负责人可以根据这张进度表搜集与会人员在执行决议过程中的相关信息。例如，员工刘某计划在 3 月 5 日完成前期筹备工作，但3月6日会议负责人仍然没有收到工作结果的反馈，就说明刘某在执行过程中出现了问题，会议负责人这时要及时跟进并了解具体情况，帮助刘某尽快按照进度表推进工作。

现场检查和跟踪。现场检查和跟踪主要是指会议负责人到与会人员的岗位调研，通过询问和检查的方式了解对方的工作情况。这种方式比较适合操作性比较强的技术类岗位，其他类型的岗位会议负责人则不宜频繁地走动，这样可能会影响与会人员的工作效率，导致他们无法顺利地完成工作任务。

定期召开会议。定期召开会议也是搜集信息的一种比较有效的方式。例如，可以每周举行一次会议，通过会议上的交流和沟通了解与会人员的工作进度和结果。

这些工作并不复杂，但是关键在于会议负责人能不能坚持去做。因为只有坚持去做，才能实现有效跟踪。

(2) 与工作目标进行对比，评估工作结果

跟踪与会人员的行动不仅仅是为了了解与会人员的工作进度和结果，还为了从结果中发现存在的问题和优势，并及时解决问题、发挥优势，促进会议决议顺利地执行。否则，跟踪就是无效的。所以，会议负责人应将与会人员的实际工作结果与工作目标进行对比，并对实际工作结果进行评估。

对照会议决议进度表，评估工作结果是否和会议目标保持一致。会议负责人可以对照执行会议决议的进度表查看与会人员执行工作任务的进度，并将其与原定工作目标进行对比，从工作进度、工作标准、工作方向等角度评估与会人员的工作结果是否和会议目标保持一致。

避免机械式地进行目标比较，应当分析出现偏差的原因。机械式地进行目标比较主要表现在会议负责人只是简单地查看与会人员的工作情况，即使发现工作结果偏离了会议目标也不会采取任何措施，而是把问题留给与会人员。这种跟踪方式显然是无效的。当与会人员的工作结果偏离会议目标时，会议负责人应该及时引导并帮助与会人员分析出现偏差的原因，同时积极寻找解决问题的方案。

首先，必须分析哪些问题是与会人员无法控制的因素引起的。例如，分配员工去做市场调研，但是经费迟迟没有下发，从而耽误了调研时间，结果导致原定3月20日结束的调研工作直到3月25日还未结束。

其次，应当分析哪些问题是与会人员可以控制的因素引起的，尤其是与会人员本身导致的问题。例如，与会人员积极性不高，拖延时间，导致任务没有按时完成。

只有正确地分析这两类因素，才能发现问题的本质，并有针对性地采取相应的措施帮助与会人员及时、高效地解决问题，顺利推进与会人员的工作进度。

(3) 明确跟踪的频率和汇报的频率

会议负责人可以亲自或指定专人（记录人或其他人员）来跟踪与会人员会后的行动，且要明确指出跟踪的频率（多久跟踪一次）和汇报的频率（多久汇报一次），直至会议决议的所有事项彻底完成。

如果是例会，则可以在下一次会议前整理出待完成事项的跟踪情况，也就是要实时更新并整理会议决议执行进度表。在例会上可以公开各项任务的进度，以督促相关人员保质保量地完成任务。总之，跟踪的目的不只是为了了解与会人员的工作情况，更是为了及时解决问题，确保会议决议能够有效执行。

05 定期反馈，及时修正决议执行中的问题

没有人能确保做出的决策是100%正确的。正确的决策通常是通过不断反馈、修正得来的。所以，在与会人员执行会议决议的过程中，会议负责人还应定期反馈，及时修正决议在执行中存在的问题，以促进会议决议真正地落到实处。

(1) 建立反馈机制，定期反馈

反馈的前提是团队建立明确的反馈机制，会议负责人可以定期通过反馈渠道进行反馈，让与会人员明确自己当前的工作进度和结果。

常见的反馈渠道有以下几种。

定期会议。在上一节的内容中我们提到可以通过召开会议对与会人员的行动进行跟踪，实际上在跟踪的时候也可以进行反馈工作。这种反馈形式有利于与会人员互相了解彼此的工作结果和进度以及存在的问题，进而便于他们及时纠正自己的问题，并根据自己及他人的情况协调工作，进一步促进会议决议落到实处。

在线反馈。在线反馈是指通过在线协作工具进行反馈，如团队工作群、在线办公软件等。这种反馈形式也是比较常见、较为便捷的一种，深受新时代员工的喜欢。

面对面反馈。面对面反馈是指会议负责人与与会人员面对面进行交流，反馈与会人员的工作情况。面对面反馈能够看到对方的表情，感知到对方的感受，进而更加容易知道对方的意见和想法，便于快速发现问题并找到解决问题的方案。

当然，会议负责人也可以根据与会人员的喜好或团队的实际情况建立反馈渠道，比如技术类岗位人员比较喜欢在操作现场反馈，以便及时发现操作流程是否正确。

建立反馈渠道后，会议负责人还应当确定反馈日期。反馈工作最好定期进行，这样更加利于掌握与会人员的工作进度，促进与会人员完成任务。

通常来说，会议负责人可以每周进行反馈，或者在每项任务结束时进行反馈。但要注意的是，如果会议负责人在跟踪与会人员行动的过程中，发现一些问题或者发现与会人员偏离了会议目标，那么就不能等到规定的日期再反馈，而应立即反馈。例如，立即召开紧急会议或电话会议、面谈等。

（2）反馈与会人员的实际工作情况

不少会议负责人容易将反馈当成一次“批判会”。他们会在反馈的时候严肃斥责与会人员，如“你最近都在忙些什么？进度落下一大截，工作质量也不行。你这样会严重耽误我们执行团队决议，你知道吗？”这种反馈并没有实质作用，一来无法让与会人员明确自己的问题出在哪儿，应该如何改进；二来会打击与会人员的自信心和积极性，导致他们更加无法高效地执行会议决议。

有效的反馈一定不是直接指责对方，而是要反馈与会人员的实际工作情况，并引导与会人员思考自己存在的问题或优势所在，主动寻找解决问题的办法。反馈实际工作情况时最好能够给出具体的数据，这样更加专业且具有说服力。

例如，可以这样进行反馈："你上个星期一共拓展了 20 个新客户，目标任务是 25 个新客户，与目标相比还相差 5 个。"

这种不带评价的描述性表达才能够让与会人员了解、确定既有事实，并学会从中反思。

（3）采取纠正措施或者变更计划

反馈的核心作用是发现并及时修正决策执行中遇到的问题，所以会议负责人的重点工作应当是在发现问题时及时采取纠正措施或者变更计划。

在上一节的内容中我们提到当与会人员的实际工作结果与工作目标出现偏差时，应当分析问题是与会人员自身主观因素造成还是外部客观因素引起的。如果是主观因素导致，那么会议负责人就要及时采取纠正措施；如果是外部客观因素引起的，那么会议负责人就应及时变更计划。

及时采取纠正措施。有效的措施一定是有针对性的。所以，会议负责人首先应与与会人员进行深入沟通，了解与会人员的想法并从中找到与会人员存在的问题，并帮助与会人员采取纠正措施。例如，与会人员之所以无法按时完成任务的原因是没有制订个人工作计划，那么会议负责人便可以根据与会人员的能力及工作习惯，帮助其制订工作计划。

变更计划。与会人员无法按照计划完成任务很可能是因为目标定得太高，压力太大。如果通过沟通发现问题不在与会人员身上，那么就要反思是否是计划本身存在问题。如果是，那么便要及时变更计划。

定期反馈的核心作用是为了及时修正与会人员执行会议决策中遇到的问题，但并不是说反馈的内容只有与会人员存在的问题。如果只是反馈问题，那么传递给与会人员的将全部是负面情绪，这样无疑会降低与会人员的执行力。为了避免这种问题出现，会议负责人还应对与会人员的优势给予称赞，以提升他们的执行力，促进他们按照进度表推进工作。

06 执行到底的决心

要想提高与会人员的执行力，只靠会议负责人的跟踪和反馈还远远不够。提高执行力较有力的措施是增强与会人员执行到底的决心。与会人员有决心了，整个团队有决心了，达成会议目标就是水到渠成的事情。

增强与会人员执行到底的决心可以采取“软硬兼施”的策略。所谓的“硬”是制度管理，“软”是指情感管理。

（1）制度管理：制定合理的会议管理制度，要求与会人员严格执行

这里的制度是指会议管理制度。会议管理制度是团队统一的会议管理模式，能够有效规范团队各项会议流程和与会人员的行为，以确保会议决议的落实。制度管理便是指通过制定合理的会议管理制度严格要求与会人员执行会议决议。这种“硬性要求”的方式能在一定程度上增强与会人员执行到底的决心。但是要注意的是，要想让会议管理制度起到增强与会人员执行到底的决心的作用，就不能只是挂在墙上的一张纸，而应该落到实处。

落实会议管理制度的方式比较简单，就是严格按照制度内容对与会人员的行为进行规范和约束。尤其是要落实奖惩制度，即明确与会人员哪些行为是被禁止且需要接受一定的惩罚，哪些行为是提倡的且能够获得一定的奖励。

例如，如果与会人员不能按照进度表执行会议决议，那么下一阶段的工作需要比进度表提前1天完成。如果按照进度表顺利地执行会议决议，与会人员可以获得一定的积分，该积分可与绩效奖金、晋升等挂钩。

因为人都有“趋利避害”的天性，所以与会人员会为了避免受到处罚或想获取奖励而自觉遵守会议管理制度并严格要求自己，从而下定决心严格按照进度表执行决议。

但是，一定不能用会议管理制度来给与会人员施压。例如，这样给与会人员施压：

“你们如果完不成任务的话，就别怪到时候会惩罚你们!”

“我不管你们怎么做，我只会按照制度办事。”

……

这样的表达给与会人员带来的不是执行决议的决心，而是巨大的压力。这种压力很可能会打击他们的自信心，降低他们的积极性，执行到底的决心就更加无从说起。

为此，会议负责人在进行会议管理的时候应采取“奖励为主、惩罚为辅”，且不要过度用会议管理制度给与会人员施压。

(2) 情感管理：及时给予鼓励和赞美，提升与会人员成就自我的动力

所谓的“情感管理”，一般是指会议负责人通过本身的行为、情感来满足与会人员的情感需求，调动与会人员积极性的一种管理方法。新时代的员工对情感需求都比较强烈。当与会人员能够得到情感上的满足时，他们会油然而生一种成就自我的动力，促使他们下定执行到底的决心。这种决心比会议管理制度下的决心更加强烈，更加能够提高与会人员的执行力。所以，会议负责人要想提升与会人员执行到底的决心，就应学会情感管理。

会议负责人可以采取以下三种方式进行情感管理。

及时给予鼓励和赞美。鼓励和赞美是一种比较直接的认同，能够在一定程度上满足与会人员的情感需求。

例如，可以这样鼓励与会人员：“我相信以你的能力完全可以胜任这项任务。”“依照当前的工作结果来看，我非常满意你的表现，也希望你在接下来的工作中再接再厉。”

时刻关注与会人员的工作状态，适当增加与会人员在执行决议中的乐趣。当与会人员在工作中能够得到关心，感受到快乐时，他们的情感需求也能够得到一定的满足。所以，会议负责人不能只是关注与会人员的工作结果，还应关注与会人员的工作过程，并懂得给他们带去一些温暖，如订下午茶，或者举办一些办公室小游戏。

号召与会人员写决心书。这是比较直接、有效的一种提升与会人员执行到底的决心的方式。会议负责人可以在与会人员热情和积极性比较高的时候，号召与会人员写下决心书。

例如，号召与会人员写一份这样的决心书：“尊敬的领导：为了将会议决议贯彻到底，实现会议目标，我决心做到以下几点。一、听从领导的安排，尽职尽责地工作；二、加强自我管理，严格按照工作进度表执行工作任务并完成目标任务……”

与会人员写下决心书相当于他们给自己制订了一个计划，这个计划与会议管理制度不同，能够对他们产生更强大的约束力和自我成就动力。他们会为了实现自己许下的承诺而下定执行到底的决心。

但是，决心书一定要与会人员发自内心想写，而不是会议负责人为了提升与会人员的执行力而强行要求与会人员写决心书。这样做只会适得其反。

所谓的“执行力”其实就是下定决心，排除万难，达成目标。所以，较强的执行力是与会人员执行会议决议的基石，更是与会人员必备的素质。

第 8 章 如何召开 30 分钟的例会

例会是常见的一种办公会议，时间较短，且能够快速、有效地帮助团队解决实际问题。但是一些会议负责人由于没有掌握一定的策略和技巧，很容易导致与会人员认为例会是一个无趣、无聊且没有任何价值的会议，进而降低例会的效果。为此，会议负责人应重新建立对例会的认识，掌握召开例会的策略和技巧，以凸显例会的价值。

01 为什么一定要开例会

例会是指依据约定的惯例每隔一定时段举行一次的会议，最常见的是周例会。这里的“一定时段”通常会依工作性质、工作周期性、工作难易程度等因素的不同而不同。比如，一些工作内容需要密切跟踪每日动态，适合召开日例会。一些比较容易控制的工作或者变动因素较小的工作，则适合召开月例会。例会的时间通常是固定的，如每周一上午9：00，或每周五下午3：00等。在公司召开的会议中，例会是最为常见的一种会议，也是让员工的工作落到实处，实现组织目标的有效手段。

需要开例会的理由不外乎以下几点，见图8－1。

为什么一定要开例会?

1. 及时进行信息交换。
2. 及时发现问题并寻找解决问题的方案。
3. 改善工作方式。
4. 及时传达新的指令。
5. 增强团队的凝聚力。

图8－1　需要开例会的理由

(1) 及时进行信息交换

团队的工作和运转主要依赖于信息的交换，一旦无法及时进行信息交换便很容易出现信息不对称的情况。信息不对称的情况容易导致员工之间无法高效协作，进而会阻碍团队的发展。例如：

某个项目需要A、B两个团队协作完成，A团队负责开拓市场，B团队负责产品研发。但是由于没有及时交换信息，A团队没有将市场的相关情况及时反馈给B团队，导致B团队研发的产品不符合市场的需求。

如果某个项目存在着需要协作完成项目的A团队和B团队，那么双方就必须确定一个固定的时间召开例会，及时进行信息交换，这样就会极大地降低因为信息不对称导致工作出现失误的情况。

日常工作中，对于一些需要高效协作才能完成的工作项目或达成的目标，都可以通过例会的形式及时交换信息，让与会人员能够了解彼此的工作内容、工作进度等，实现信息对称。

(2) 及时发现问题并寻找解决问题的方案

在日常工作或者执行会议决议的时候，难免会遇到这样或那样的问题。有些问题比较困难、复杂，会牵涉不同的部门、不同的领域、不同的专业，这些问题如果不能够及时发现并解决的话，将会影响整个公司的工作效率，甚至阻碍公司的发展。定期召开会议则可以有效避免出现这种情况。

定期召开会议实际上是给员工一个能够及时反馈问题的机会，其他人也可以通过分析工作结果及时发现一些问题。总之，例会能够帮助团队及时发现问题并解决问题，能够有效避免将小问题拖成大问题，阻碍团队的发展。

(3) 改善工作方式

团队的发展有一部分依赖于高效的工作方式。工作方式越高效，员工工作起来越能得心应手，进而能够有效提升团队的工作效率。例会有一个比较关键的作用就是能够在现有的工作方式的基础上不断优化、调整，找到更加高效的工作方式。例如：

郑华在某个周例会上说："我认为可以调整一下工作流程，可以将熟悉客户资料放在第一位……"

第二周的会议上姜浩说："我采取了上次周例会上郑华提出的工作方式，我认为非常有效。不过我还有一个建议，就是要在熟悉客户资料的时候学会分析资料，从而进一步了解客户的需求……"

像案例中这样，员工在例会中不断地提出建议，不断地尝试、调整，团队的工作方式会越来越高效，工作效率和质量也会有所提升。如果没有定期例会，员工即便有想法也无处可说，进而只能按照既定的工作方式执行工作任务。这种墨守成规的工作理念很难发挥员工的潜能，提升团队的工作效率。

(4) 及时传达新的指令

新时代是一个变幻莫测的时代，市场也是瞬息万变。在面对这种变化的时候，团队要做的一定是"以变应万变"，否则团队就无法顺利完成计划、工作任务或会议决议。

所以对于团队管理者而言，应当在员工执行任务或会议决议的过程中定期召开会议，根据一些新的市场情况和动向确定新的工作指令，以适应新的变化，确保工作任务或会议决议能够按时完成。

(5) 增强团队的凝聚力

能够推动团队不断向前发展的是团队的凝聚力。如果在一个团队中，员工都是埋头各忙各的，那么团队的凝聚力就会降低，员工之间的协作力也会随之降低。当员工的凝聚力和协作力降低后，团队就会成为一盘散沙。

召开例会能够定期让员工聚在一起，发表各自的想法并自由讨论。这种方式能够让员工直观地感受到他们是一个团队，他们的意见和想法能够被重视。在这种状态下，他们便会产生凝聚力，协作力也会因此提升，进而他们才能更加积极、主动地完成任务，实现会议决议。

尽管有些团队管理者会将例会开得枯燥、武断，导致员工认为这种会议是无效的，只会浪费他们的时间和精力。但是从以上几点不难看出，例会本身有很多员工无法感知的作用和价值。团队管理者要做的是明确例会的作用和价值，并采取正确的方式召开例会，将例会的作用和价值成功地传递给员工。

02 例会原则上应该控制在30分钟以内

在第1章第3节的内容中我们粗略地计算了会议的成本，了解到召开一场会议的成本比较高，为了提升会议效果通常会建议尽量缩短会议时间。尤其是定期举行的例会，更应当尽量缩短时间，否则将会严重增加会议成本，降低会议效果。原则上说，例会应当控制在30分钟以内。

为什么例会原则上应该控制在30分钟以内？主要原因有以下几点。

（1）提高会议效率，降低会议成本

例会原则上应该控制在30分钟以内的主要原因之一就是成本。在第1章第3节的内容中我们计算了会议成本，而时间成本是会议成本的关键要素，会在很大程度上影响会议的效果。

我们来看一下会议的时间成本的计算公式。

> 会议时间成本＝参加会议的人数×（与会人员的准备时间＋与会人员的旅行时间＋正式会议时间＋会议休息及耽搁时间）

实际上，我们用到会议上的时间远远大于实际计算的时间。因为，大多数会议并没有按照承诺的时间准时结束，而且会议会将与会人员的整块时间分开，从而降低与会人员的工作效率。也就是说，实际的时间成本往往要比我们通过这个公式计算出来的时间成本更大。

时间成本越大，会议的成本也就越大，进而越容易影响会议效果。所以，从成本角度考虑，例会应当尽量缩短时间，最好控制在30分钟以内。

（2）例会的主要作用是上传下达，无须耗费大量时间

较为正式的会议的时间建议在1～2个小时，原则上不宜超过2个小时。较为正式的会议之所以要这么长时间是因为召开正式会议的频率较少，需要解决的问题比较多且复杂，最终形成的决议也比较重要。但是例会因为召开的频次较高，作用较简单，所以无须耗费大量的时间。

例会的主要作用是沟通、汇报、安排、传达指令与激励。所以，例会更多的是总结、回顾上一段时间的工作，并部署安排下一段时间的工作，起到的是上传下达的作用。

上传是指员工向领导反馈自己在上一段时间的工作情况以及存在的问题，让领导了解并掌握自己的工作进度，帮助自己解决问题，促进工作任务顺利地完成。例如，员工在例会上说："我上周拓展了20个新用户，下周的目标是拓展25个新用户。"

下达是指领导向员工传达工作指令，安排一些工作任务或根据员工的反馈指导员工下一步的工作。例如，领导说："你的工作情况我了解了，是按照之前制定的工作进度表推进的。在这个过程中是否遇到了问题需要我的帮助?"

上传下达在团队管理中是一种常见且比较简单的工作流程，该工作流程通常不需要耗费太多的时间。原则上，在30分钟内就可以完成上传下达。

（3）例会上不进行深入讨论，避免浪费与会人员的时间

例会比较适合汇报而不是请示，适合安排工作而不是讨论工作中遇到的问题。所以，例会实际上并不是用来解决某个问题的，因此最好不要在例会上进行深入讨论，这样很容易浪费与会人员的时间。主要原因有以下两点。

第一，在例会上讨论问题会使例会的时间无限地延长，进而大大增加会议的成本。基于例会是一定时段举行一次，常见的是周例会、月例会，按照这种频次计算，会议的成本很可能成为阻碍团队发展的原因之一。

第二，参加例会的与会人员都有自己的工作，如果例会上耽误太多时间，那么将会对他们的工作造成很大的影响，进而会影响整个团队的工作效率。

基于以上两点，建议会议上不要做深入讨论。但是如果与会人员在会议上反馈了问题或者会议负责人在与会人员上一阶段的工作中发现了问题该如何解决？这个时候会议负责人就要根据具体问题选择相应的解决问题的策略。

如果问题比较简单，那么会议负责人可以通过引导的方式，帮助与会人员找到解决问题的方案。

如果问题比较复杂，则不宜在例会上进行讨论，这样会耽误其他与会人员的时间。如果只是某一位与会人员存在的问题，那么可以私下再找时间跟他进行深入沟通，帮助其解决实际问题。如果是大多数与会人员存在的问题且问题比较复杂、困难，那么就应尽快商议、确定其他时间，召开专题会议。

“时间就是金钱。”会议上的时间不仅是金钱，更蕴藏着团队发展的机会。所以，会议负责人要做好会议的时间管理，尽量缩短会议时间。像例会这种定期召开的会议就更加要严格控制时间，原则上应该控制在30分钟以内。

03 彻底贯彻会前提交议题

例会原则上应该控制在30分钟以内，而要想在30分钟以内“速战速决”，顺利地结束会议，那么就应该做好充足的会前准备，尽可能地缩短例会时间。能够有效促进例会“速战速决”的会前准备，是指会前提交议题并要彻底贯彻这件事。

(1) 搜集与会人员的意见和想法

议题不是会议负责人想说什么便说什么，一个有价值、有意义的议题一定是来源于与会人员的意见和想法，且能够帮助与会人员解决实际问题，提高工作效率。所以，提交议题的关键是要搜集与会人员的意见和想法。

会议负责人可以制作一张“会议议题提交报告”表，并将此报告表发给要参加例会的与会人员，并要求他们认真填写表格。通过表格中的内容便能够搜集与会人员的意见和想法，如表8－1所示。

表8－1　会议议题提交报告

会议议题	
提出人	
会议相关人员	
议题的要点或要解决的问题	

为了搜集真实、有价值的议题，会议负责人应要求与会人员在填写表格时遵循以下几个原则。

一是实事求是的原则，即要根据实际的工作情况提交议题，而不是天马行空，想到什么就提交什么议题。

二是可行性原则，即提出的议题是团队当前可以解决的，是科学、合理的。

三是平等原则，即任何人都可以提出议题。

按照以上几个原则填写“会议议题提交报告”才能够获得更为真实、有效、有价值的议题。

“会议议题提交报告”通常有两种形式，一是纸质版，二是电子版。会议负责人可以将“会议议题提交报告”打印出来人手一份，也可以发送到与会人员的电子邮箱里或在线办公软件上。

与会人员填写完“会议议题提交报告”后，会议负责人应要求与会人员在规定时间内将报告提交到规定的地点。

如果是纸质版的，可以这样要求：“请在每周五下班前将‘会议议题提交报告’交至负责人××处，望大家准时提交，以免耽误周例会的进度。”

如果是电子版的，可以这样要求：“请在每周五下班前将‘会议议题提交报告’发送至负责人××的邮箱里或在线办公软件上，望大家准时提交，以免耽误周例会的进度。”

当然，并不是每一位与会人员都必须要提交议题，有议题要提交的按时提交即可。换句话说，不必强行要求每一位与会人员提交议题，这种没有问题硬要找出问题的做法只会给团队带来更多问题，阻碍团队的发展。

此外，表格的内容也可以根据会议的性质以及团队的工作情况而定，主要的目的在于通过表格的内容尽可能全面地了解与会人员的意见和想法，搜集有价值的议题。

（2）对提交上来的议题进行整理、归纳

“会议议题提交报告”交至会议负责人手中后，会议负责人还应花费一定的时间和精力认真阅读报告中的内容，并对这些内容进行整理、归纳。在对报告中的内容进行整理、归纳时应注意以下三点。

一是重复的议题要剔除。与会人员提出的议题中很可能存在议题重复的情况，这种情况通常在阅读完所有的议题后较容易发现。发现重复的议题便要立即剔除，避免耽误例会时间。

二是比较复杂、困难的议题暂时先放到一边。如果议题比较复杂、困难，涉及很多人员且很难在30分钟以内讨论结束并得出有效决议，那么这样的议题就要暂时先放到一边，事后再花时间研究并视议题的重要性组织专题会议。

三是没有意义的议题要谨慎判断。与会人员提交的会议议题中很可能会存在一些意义不是很大，无须花费时间和精力在例会上进行讨论的议题。这种议题应凭借会议负责人的个人工作经验和能力谨慎判断是否需要拿到会议上进行讨论，如果确定是没有意义的议题便可以剔除。

通过以上3个方法便可以筛选出有价值且能够在30分钟以内讨论并形成决议的议题。但最后还要注意的是，这些议题中很可能有一些相似的，如“减少客户投诉率”“提高售后服务质量”等，这些都可以归纳为“提高客户满意度”。简单地说，有些议题可以归纳总结为一个议题，会议负责人在筛选后还应进一步进行总结。经过这样的筛选、总结后，最终的议题会更加全面，且能够帮助与会人员解决实际问题，提升与会人员的工作效率。

明确会议的议题后，会议负责人便可以根据第 2 章提到的高效会议的策略制定会议议程以及做好其他相关的准备工作。准备工作做得越充分，例会越能进展顺利，进而可以确保在有限的时间内召开高效的例会。

04 明确此次会议要“决定什么”

例会并不是漫无目的地闲聊，否则难免会让与会人员认为例会只会浪费他们的时间和精力。所以每一次召开例会前，会议负责人都必须明确此次会议要“决定什么”。简单地说，就是要明确例会的目的。

（1）会议负责人应明确会议要“决定什么”

在本章第1节的内容中我们提到召开例会主要是为了上传下达，汇报并安排工作任务，或者解决与会人员遇到的问题。无论是出于哪一种目的，会议负责人在召开会议前都必须明确此次例会要“决定什么”。

会议负责人可以从以下几个方面着手，明确此次会议要“决定什么”。

是否有新的信息需要共享？ 例会是信息共享的一个比较好的渠道。如果会议负责人获取了新的信息，那么便可以在例会上进行共享。通过例会及时共享信息能够有效汇集资源，促进团队共同进步。

例如，在例会上指出：“直播销售成为互联网时代新的销售模式，不少公司也在尝试以这种模式进行销售且取得了不错的成绩。”

是否有新的指令要下达？ 通过例会下达指令，不仅可以让与会人员知道自己要做什么，还能让与会人员清楚其他与会人员要做什么，进而可以提高团队协作能力。

例如，在例会上指出："销售团队要尝试以直播销售的形式进行产品销售，A团队负责直播内容策划，B团队负责直播，C团队负责售后……"

是否要协调矛盾，达成共识？如果会议负责人在上一阶段的工作中发现团队存在矛盾或者问题，无法达成共识，导致个人和团队的整体工作效率不高，那么会议负责人便可以在例会上协调矛盾，解决问题，最后达成共识。

例如，在例会上指出："通过上一阶段的工作，我发现A团队和B团队彼此之间的配合并不是十分密切，我希望你们能在这次会议上提出存在的问题并解决它。"

借助例会这种集合的、面对面的形式更加利于调节上下级之间以及平级之间的矛盾、冲突，能够有效统一大家的目标，达成共识。

是否要激励士气？当会议负责人发现团队士气不高时，也可以在例会上通过一些方式激励团队员工的士气，使团队成员可以朝着同一个方向努力。

例如，在例会上指出："通过这段时间的观察，我发现大家的情绪不是很高，工作效率也比之前有所降低，是不是遇到什么问题了？如果遇到什么问题一定要提出来，大家一起解决。要知道我们是一个团队，遇到任何问题我们都可以一起努力解决，然后朝着同一个方向奋斗。"

以上是常见的召开例会的几个目的，会议负责人在召开例会之前可以询问自己"我为什么要召开例会"，只有明确这个问题后才能召开例会，并且能进一步确保例会的效率。

(2) 例会前明确告知与会人员此次例会要“决定什么”

会议负责人不仅自身要明确召开此次例会的目的是什么，更要让所有与会人员明确此次例会的目的是什么，这样才有望促进例会目的达成。

首先，明确告知与会人员此次例会的目的是什么。

当与会人员明确本次例会的目的后，他们便知道会议的核心内容是什么，进而能够聚焦核心内容，促进会议目标高效地达成。

例如，在例会上指出：“本周的会议目标是了解与会人员的工作进度或者在工作中存在的问题。”那么，与会人员便会围绕工作进度和存在的问题两个方面发言，不必阐述其他与例会无关的内容。

其次，在例会中时刻提醒与会人员例会的目标。

因为原则上例会应该控制在 30 分钟以内，所以与会人员更加应当聚精会神，牢记会议目标并围绕会议目标发言、讨论。为此，会议负责人在会议进行过程中应时刻提醒与会人员这次例会的目标，避免与会人员发表与会议目标无关的内容，耽误会议时间，降低会议效率。

之所以不少与会人员认为例会是纯属耽误时间和精力的会议，完全没有必要召开，主要是因为会议负责人和与会人员都不明确会议要“决定什么”，进而失去了方向，例会便成了一次无效的闲聊会议。要想避免这种情况出现，在召开例会前就必须明确会议要“决定什么”，且始终要围绕这个目标展开会议，直到决议形成。

05 例会的决议一定要包含“下一步”

例会虽然较正式会议来说是比较简单的一种会议，主要用来上传下达，安排工作任务或解决一些小问题，但是例会最后也要形成决议，且会议决议中一定要包含“下一步”。否则，例会就会沦为零效果会议。

（1）根据例会目的制订下一步的行动计划

例会的决议中包含的“下一步”实际上指的就是下一步的行动计划。不同目的的例会其包含的“下一步”自然不同，因此，会议负责人应根据例会的目的制订下一步的行动计划。

在上一节的内容中我们提到例会的目的主要有4种，分别是信息共享、下达指令、调解矛盾、鼓励士气。下面我们以“信息共享”和“下达指令”为例展开说明如何制订下一步的行动计划。

信息共享。一些会议负责人在进行信息共享时通常采取的做法是将新的信息传递给与会人员后便匆匆结束会议。在他们看来，只要将信息成功地传递出去他们的工作任务就完成了。但是，与会人员获取到新的信息并不是意味着他们一定知道如何做，只获取信息不采取任何行动的信息共享没有任何价值。所以，真正意义上的信息共享不只是简单地传达新的信息“是什么”，更要明确“下一步”如何做。

例如，这样在会议上进行信息共享：“直播销售成了互联网时代新的销售模式，不少公司也在尝试以这种模式进行销售且取得了不错的成绩。我们销售团队也可以尝试一下这种新的销售方式。”

在获得新的信息并接收到会议负责人传达的“我们销售团队也可以尝试一下这种新的销售方式”后，与会人员便知道团队下一步要做的就是尝试直播销售，从而会朝着这个方向去制订下一步的工作计划。

下达指令。会议负责人在下达指令的时候通常也只是简单地传达指令并要求与会人员去执行。事后会发现一些与会人员没有理解指令，更加不知道要如何去执行指令。所以，会议负责人在下达指令的时候不能只是简单地传达指令是什么，还要确保与会人员理解下达的指令，要告诉与会人员如何去做。

例如，这样在会议上下达指令：“这个月销售团队要尝试进行3～4场直播销售。团队一共有10个人，可以分成三组，分别负责直播销售的内容策划、直播以及售后服务。具体怎样分组以及如何分配具体任务，你们可以内部商议决定。”

无论是出于哪一种目的召开例会，都必须形成决议且决议要包含“下一步”。这样做才能确保决议落到实处，进而促进例会目的达成。

(2)“下一步”一定要落到实处

例会的决议中的“下一步”一定要落到实处，这样才能进一步促进会议目标达成。为此，会议负责人一定要制订准确、清晰的“下一步”计划。

实际上，在第6章的第8节我们已介绍了制订“下一步行动计划”的策略，例会的“下一步”也可以采取这种策略，即例会的“下一步”一定要明确具体任务、负责人以及具体完成日期。

明确具体任务、负责人以及具体完成日期后，会议负责人要做的是鼓励与会人员积极地行动起来，落实“下一步”。为了促进与会人员认真落实“下一步”，会议负责人可以告知他们“我将在下一次例会上检查大家的工作进度和成果……”因为例会的间隔期比较短，为了在下一次会议前取得较好的工作成果，他们会更加努力地落实“下一步”。

有些与会人员之所以对例会没有好感，认为例会没有价值、没有意义，主要是因为例会没有帮助他们解决实际问题，提升工作效率。导致这个问题的本质原因在于例会的决议中没有“下一步”，没有“下一步”的实际行动，意味着与会人员的工作并不会得到多少改变和提升。所以，例会的价值很多时候体现在决议中的“下一步”，因此，会议负责人一定要确保例会的决议中包含“下一步”。

06 “确认进度”的注意事项

例会还有一个比较关键的作用，就是“确认进度”，即可以通过与会人员的工作汇报确认他们的工作进度。了解与会人员的工作进度，便于及时发现与会人员执行工作任务中存在的问题并及时改进。但是，一些会议负责人很容易将“确认进度”这件事变成“施加压力”，导致与会人员压力增大，进而影响接下来的工作效率。所以，会议负责人在例会上“确认进度”时应明确一些注意事项。

一般来说，会议负责人在例会上“确认进度”时应注意以下几个事项。

（1）根据客观事实确认与会人员的工作进度

会议负责人在确认与会人员的工作进度时切忌用自己的主观感受去表达，如：

“我感觉你最近的工作状态不好，工作进度应该也没有跟上。”

“我看你最近表现不是很积极，工作进度一定落下许多。”

……

这种主观猜测与会人员工作进度的方式会大大打击与会人员的自信心和积极性，可能会导致他们在接下来的例会时间不愿意积极、真诚地表达，并且这种负面情绪还会影响以后的工作。所以，会议负责人一定要根据客观事实确认与会人员的工作进度。

会议负责人可以采取以下两种策略确认与会人员的工作进度。

一是根据工作进度表了解与会人员的工作进度。在第7章第3节我们提到了“进度管理”，并且给出了“进度管理”的方法，即制定一张进度表。工作进度表实时记录了与会人员的工作情况，能够客观地反映与会人员的工作进度以及具体工作情况。会议负责人在确认与会人员的工作进度时便可以查看与会人员的工作进度表格，并从这张表格中了解与会人员的工作进度。

二是让与会人员描述自己的工作情况及进度。除了工作进度表外，会议负责人还可以通过与会人员的客观描述了解与会人员的工作情况和进度。

无论是采取哪一种方式，都必须是基于客观事实了解与会人员的工作进度。只有这样，才能从中发现与会人员的问题和优势，进而针对性地帮助与会人员，促进与会人员按照进度表执行工作任务。

（2）积极地面对并帮助与会人员调整工作进度

在确认与会人员的工作进度时通常会遇到三种情况，一是与会人员按照工作进度表执行任务；二是与会人员比进度表的时间提前执行工作任务；三是与会人员没有按照工作进度表执行任务。

在面对与会人员按照进度或者超进度执行任务时，会议负责人会为此感到开心。但是，当与会人员没有按照进度完成任务时，会议负责人往往会为此感到气愤甚至斥责与会人员。实际上，这样做只会严重打击与会人员的自信心和积极性，进而导致他们更加跟不上规定的工作进度。

为了鼓励与会人员能够按照进度执行工作任务，无论与会人员是否按照进度表执行工作任务，会议负责人都应当积极地面对与会人员的工作进度。如果一些与会人员在执行工作任务的过程中遇到一些问题，导致无法按照进度表顺利地推进工作，那么会议负责人更加应当鼓励他们，并帮助他们解决实际问题，调整工作进度。

（3）适当施加压力促进与会人员按进度执行工作任务

有压力才有动力。如果不给与会人员施加任何压力，他们很可能会将“工作进度表”当成一个形式，会无限期地拖延自己的工作进度，进而影响团队的整体工作效率。因此，在例会上“确认进度”的时候，会议负责人也应当适当给与会人员施压，促进与会人员按照进度执行工作任务。

适当施加压力时不能抱怨、指责，更不宜出现负面的词语。会议负责人在适当施加压力的时候可以采用同理心的方式。

例如，这样同与会人员沟通：“我知道你最近很辛苦也非常努力，但是如果按照现在的工作进度，我们可能没有办法在约定的时间将承诺的产品交给客户，这样不仅有损我们团队的名誉和利益，也会损害每一位团队成员的利益。”

这种方式既表达了会议负责人对与会人员的理解，也对与会人员施加了一定的压力。在会议负责人的理解下，与会人员更加容易将这种压力转变为动力，进而努力执行工作任务，争取按照进度表甚至提前完成工作任务，促进例会目标达成。

“确认进度”是例会中的一个非常关键的环节，它能够促进与会人员将会议决议落实到底。但是如果“确认进度”变成了“压力”“指责”，那么便会取得适得其反的效果。所以，会议负责人在“确认进度”时一定要明确注意事项。

第 9 章
如何召开 15 分钟的问题解决会

15 分钟的问题解决会是时间简短、能够快速锁定问题并解决问题的一种会议形式。这种会议通常适用于处理团队面临的一些较为简单的小问题。

01 为什么要开15分钟的会议

会议的时间并不是越长越好的，原则上来说能够尽快解决问题，达成决议并缩短时间的会议才是理想中的高效会议。所以，如果团队只需要通过会议解决一些小问题，那么完全可以把会议的时间控制在15分钟以内。

（1）人的注意力最大限度只能集中15分钟

知名金融机构普顿建筑协会（Skipton Building Society）曾做过一项关于人的注意力的调查。调查结果发现，人的注意力平均14分钟内便会转移一次。

召开会议的时候，与会人员在13分钟左右便会走神。如果是比较复杂、专业一点的议题，如与财务、金融相关，人们的注意力便会缩短到10分钟左右。

与客户打电话沟通的时候，人们大概在7分钟的时候便会分心，开始管不住手去摆弄办公桌上或身边的小物件。

读书的时候，人们的平均注意力能够维持在15分钟左右。

从调查数据可以看出，人的注意力最大限度只能集中15分钟。如果召开会议的时间太长，与会人员的注意力将会分散。一旦与会人员的注意力分散，他们就无法从会议中获取有效信息，进而无法促进会议决议达成。所以，如果不是十分必要，只是需要解决一些小问题的话，那么只需召开15分钟的会议即可。

(2) 适当增加紧迫感，提高问题解决速度

人或多或少都有一定的拖延心理。从心理学的角度来解释，拖延心理是指人们通常会在能够预料后果有害的情况下，把计划要做的事情往后推迟的一种行为，直到截止时间才完成任务或者到截止时间都无法完成任务。

例如，原本半个小时就能完成的工作任务，如果管理者给员工1个小时，那么员工可能半个小时的时候才开始启动，接近1个小时的时候才完成任务或者无法完成任务。

这个问题便是拖延心理造成的。导致这个问题的根本原因之一是时间过于充足，没有给员工造成紧迫感。会议负责人如果想提高会议效率，就应当在会议中适当增加与会人员的紧迫感，促使他们积极发言、深入思考，迅速找到解决问题的方案。适当增加紧迫感较为简单的方式就是尽可能地缩短会议的时间。

会议负责人在会议开始以及会议进行过程中要时刻提醒与会人员会议的时长只有15分钟，大家需要在15分钟内提出问题并找到解决问题的方案。当与会人员明确他们只有15分钟时，便能够油然而生一种紧迫感。这种紧迫感会促使他们积极地行动起来，争取在15分钟以内解决问题。显然，召开15分钟的问题解决会可以有效提高解决问题的效率。

(3) 有些问题只需要15分钟便能解决

有一些较为复杂、困难的问题，会严重影响团队的发展，要解决这些问题便要召开较为正式的会议或专题会议。但是团队中也会存在一些较简单的小问题，这些问题可能不会阻碍团队的发展，但也会给团队的工作造成一定的影响。解决这种较为简单的小问题其实并不需要召开 1 ~ 2 个小时的正式会议或专题会议，只需要召开 15 分钟的问题解决会即可。

高效会议一定是将复杂的问题简单化。通俗地说，能够用 15 分钟解决的问题，绝对不要花半个小时或 1 个小时。所以，建议会议负责人将一些复杂的问题进行分解，力争通过每一次 15 分钟的问题解决会解决各个小问题。小问题都解决了，大问题也将迎刃而解。

当然，会议负责人不能为了追求效率而将所有性质的会议都定为 15 分钟。换句话说，召开 15 分钟的问题解决会需要视具体情况、会议性质以及问题的难易程度而定。正常情况下，15 分钟的问题解决会主要指针对团队日常工作中遇到的一些较为简单的小问题，通过会议可以及时得到解决方案。相反，如果是较复杂、困难的问题，就一定要召开正式会议或专题会议，否则将不能有效解决问题。

02 从针对主题的“提问”或“提案”开始

对于会议来说，15分钟的时间确实比较短，所以每一分钟都必须用在“刀刃”上。会议负责人在开场的时候就应当直接、精确地切入主题，即从针对主题的“提问”或“提案”开始。

（1）开门见山，直奔会议主题

要想在15分钟内召开一次高效会议，就必须明确这次会议要做什么事情、解决什么问题。简单地说，就是要明确会议的主题。

不少会议负责人认为，既然是15分钟的问题解决会，那么会议开始的时候让与会人员提出问题然后大家一起解决即可，并不需要明确会议主题。但事实却恰恰相反，如果没有明确的会议主题，那么将会出现以下两个问题。

一是与会人员不知道应当提出哪方面的问题，结果没有人提出任何问题，导致15分钟白白浪费。

二是会议上出现五花八门的问题和提案，如“我的电脑网速太慢”“客户投诉率太高”等。

无论是以上哪一种情况都会严重降低会议效率。因此，即便是15分钟的问题解决会，会议负责人也应当明确会议主题，如“提高客户满意度”“提高产品研发效率”等。

会议开始后，为了能够在15分钟内顺利地开展会议，迅速地解决问题，会议负责人要开门见山，直奔会议主题，并要求与会人员针对主题进行“提问”或提出自己的“提案”。

例如，会议一开始便指出：“本次会议的主题是‘提高客户满意度’，你们对此有什么问题或者提案可以抓紧时间提出来。”

在这种15分钟的短会上，会议负责人无须在会前做过多的介绍，只需要直接、精准地切入主题并要求与会人员针对主题进行“提问”和“提案”即可。通常来说，会前的这个环节只需要花1～2分钟的时间。

(2) **问题解决会上“提问”或“提案”的原则**

为了鼓励与会人员积极、踊跃地“提问”或“提案”，会议负责人在主持会议时应遵循以下几个原则。

有序提问。15分钟的问题解决会要求与会人员提出问题的时候应当“快、准、狠”，不能出现犹豫不决或者争抢发言的情况，否则将会浪费大量的时间。为了避免这种情况发生，15分钟的问题解决会最好采取有序的方式进行“提问”或“提案”。

例如，从会议负责人的右手边第一位开始进行“提问”或“提案”。这种方式能够有效节省时间，并且能够让每一位与会人员都有机会发言。

不予以评论。在与会人员提出问题或提案之后，会议负责人不应立即给予评论，更不可以给出负面评论。给出负面评论不仅会让发言人受挫，导致他们下次不敢积极、主动地提出问题或提案，还会给其他与会人员增加压力，使他们不敢或不愿再发言。

不能中途打断或催促。在与会人员发言的过程中，会议负责人不能在中途打断对方或催促，这样会大大降低发言的效果，影响会议的最终效果。

及时给予肯定。在与会人员发言后，会议负责人应及时给予肯定并引导大家鼓掌。这样做一来可以表达对与会人员的尊重，激发他们参与会议的积极性；二来还可以营造一个良好的会议气氛，使会议得以更加顺利、高效地进行。

仔细聆听与会人员的发言。与会人员的“提问”或“提案”是问题解决会的核心内容，会议将围绕这些内容展开并形成决议。所以，在与会人员提出问题或给出提案的时候，会议负责人一定要仔细聆听。

总之，会议负责人应尽可能让每一位与会人员都能够畅快、真诚地提出问题或给出提案。只有搜集到更多的“提问”或“提案”，15分钟的问题解决会才算真正的开始。

15分钟的问题解决会，其核心内容实际上十分明确，就是奔着快速、高效地解决问题而召开的会议。所以，召开这种短会时可以省去一些不必要的开场白，直接从针对主题的“提问”或“提案”开始即可。

03 交替进行“提问＋回答”

在上一节内容中我们提到15分钟的问题解决会是从针对主题的“提问”或“提案”开始的。但是为了提高会议效率，会议上的提问和回答的环节最好不要分开进行，建议交替进行“提问＋回答”。

(1)“提问”和“回答”分开，容易造成焦虑

在15分钟的问题解决会议上，之所以不宜将“提问”和“回答”分开的一个比较简单、直接的原因是，一开始就只提出问题很容易给会议负责人及其他与会人员造成焦虑心理。

我们可以设想一下15分钟问题解决会上的场景：

会议负责人说：“今天会议的主题是××××，大家可以围绕主题提出问题。”

话音刚落，王智站起来提问：“为什么上个星期的客户投诉率那么高?”

张一也立即站起来提问：“为什么上周的产品出现那么多次品?”

刘燕……

陈娟……

虽然这些问题不是针对个人而是针对整个团队提出的，但是这些迎面扑来的各种问题很容易让会议负责人及与会人员产生焦虑心理。他们可能会产生这样的想法：“为什么出现这么多问题?”“我们的产品这么差劲吗?”“原来有这么多客户投诉!”……在这种焦虑的心态下，会议将很难高效地进行。

当“提问+回答”交替进行时，意味着在上一个问题得到答案后再开始下一个问题。这样就能大大缓解会议负责人及与会人员的焦虑，因为即便存在一些问题也都有答案。

(2)及时回答，避免提出重复问题

一些工作内容和职责相似的与会人员难免会提出一些类似的问题，这些类似的问题解决方案往往是一致的。如果将“提问”和“回答”分开，可能会出现一些类似的问题被反复讨论，浪费会议的时间。例如：

杜德问:“如何提高客户满意度?”

陈晨问:“如何降低客户投诉率?”

张超问:“如何提高产品质量?”

余燕问:“如何提高服务质量?”

实际上，这几个问题其实都可以归结为“客户满意度”方面的问题。也就是说，这几个问题是重复的。如果没有将“提问”与“回答”交替进行，那么这些重复的提问将会浪费很多时间。如果采取交替进行“提问+回答”的形式，存在类似问题的员工将在大家的回答中找到自己的答案，也就是说他们不必再提出问题。如此一来，就可以大大地节省会议时间。

所以，为了尽量缩短会议时间，进一步提升15分钟问题解决会的效率，会议上应交替进行“提问+回答”。

(3)交替进行“提问+回答”，能够促进与会人员深入思考

“提问”与“回答”分开进行不利于与会人员有针对性地进行

深入思考，主要原因有以下几点。

一是人的大脑很难在短时间内连续思考太多的问题，更难以对每一个问题进行深入思考。“提问”与“回答 ”分开进行意味着与会人员前半部分要聚焦于“问题”，后半部分聚焦于“回答”。当他们聚焦于问题时，他们的大脑只能简单地接收这些问题。当他们聚焦于“回答”时，他们的大脑很难同时对大量的问题进行深入思考并给出准确的答案。

二是问题之间存在一定的联系，及时回答能够引导与会人员进行关联思考。虽然会议上与会人员提出的问题不同，但是这些问题之间都存在一定的联系。例如：

产品研发部的工作氛围不好，导致研发产品的效率较低，进而导致无法为客户更多提供新的产品。产品无法及时更新则会在一定程度上降低客户的满意度。

如果杨威提出的问题是：“如何提高产品研发部的士气?”

那么这个时候关注“客户满意度”的刘杨则会思考“产品研发部的工作氛围不好”是否是导致客户满意度低的原因，然后既能够积极、主动地寻找提高产品研发部士气的解决方案，也能够帮助自己解决客户满意度的问题。

高效的问题解决会其实就是要懂得深入探索每一个问题的本质，并且能够将关联的问题都找出来，实现解决一个问题就能解决多个问题的效果。这样才能更大限度地提升问题解决会的效率。

归根结底，在会议上交替进行“提问 + 回答”不但可以提升解决问题的效率，促进会议高效地完成，还有助于引导与会人员针对问题进行深入思考，寻找更好的解决方案。

04 在问题解决会上不要“否定”

在第5章第3节的内容中我们提到打开对话的三大原则之一是“不要否定”，在15分钟的问题解决会上更要如此，不要直接“否定”与会人员提出的意见。

(1)“否定”只会增加时间成本

一些会议负责人之所以会在会议上“否定”与会人员的意见，主要是因为以他们的经验和能力判断来看，与会人员提出的问题或给出的解决方案既不科学、也不合理。他们试图通过“否定”的方式让与会人员认识到自己的错误并改正自己的想法。如果是时间较长一点的正式会议或专题会议，会议负责人完全可以采用较委婉的方式“否定”与会人员的意见，引导他们正确地认识问题并找到解决问题的方案。但是，当会议的时间只有15分钟时，就没有多余的时间留给与会人员去应对“否定”。

“否定”看上去只是一句话的事情，如“我不同意”，但是这句话背后还会延伸出更多的内容。我们来看一个案例：

某与会人员在问题解决会上提出：“为什么我们的团队不采取直播销售的方式去销售产品？这样一定可以大大提升产品的销量。”

会议负责人说：“不，我不同意你的看法。”

与会人员疑惑地问：“为什么？”

会议负责人回答：“因为团队中没有擅长直播的人才，况且这种销售模式也并不一定适合我们的产品……”

与会人员说：“市场上这类人才很多，我们可以去招聘这类人才。而且我们的产品在互联网上的反响很大，有一部分用户曾在官方网站留言希望我们可以做直播销售。”

……

当会议负责人提出“否定”意见的时候，意味着他还要充分、具体地给出“否定”背后的原因，如果这个原因不能说服与会人员，那么他们很可能会无休止地争论下去，这个时间是无法估算的。这只是假设会议负责人对某一个与会人员提出“否定”意见会出现的情况，如果会议负责人对更多的与会人员提出“否定”意见，那么可想而知，15 分钟完全不够他们进行争论。

反之，如果让与会人员畅快地表达，则会节省很多时间。所以，“否定”在一些情况下只会浪费会议时间，尤其是在时间较为紧迫的 15 分钟的问题解决会上，会议负责人不应采取“否定”的方式反馈与会人员的意见。

（2）“否定”会打击与会人员的积极性

问题解决会的核心是“速战速决”，即与会人员积极、主动地提出问题，会议负责人组织大家思考并寻找解决方案。但是，如果会议负责人在与会人员提出问题或给出方案的时候不断地进行“否定”，就会大大打击与会人员的积极性。

面对会议负责人的“否定”，有些与会人员会据理力争，但是还有一部分与会人员会选择缄口不言。他们会心想：“既然不同意那我还有什么可说的，反正解释权归领导。”这种心态会使他们失去参与会议的积极性，在接下来的会议时间里都无法聚焦问题并思考其他人提出的问题。一旦出现没有人愿意积极、主动地提出问题，也没有人愿意主动思考、寻找解决问题的答案，就意味着这次会议成了零效果会议。

(3)“否定”可能导致团队错过一些“可能性”

会议负责人对与会人员的意见表示“否定”的大多数原因是基于自身的经验和能力做出的判断，也就是说这个判断未必是正确的。如果这个判断是错误的，那么很可能导致团队错失一些“可能性”。例如：

与会人员说：“当下是直播销售盛行的时代，我们可以安排一些对这方面有经验的员工尝试一下通过直播的方式销售产品……”

会议负责人基于求稳的心态提出了“否定”意见：“我们还是求稳比较好，这个有点冒险，万一做不好呢？”

会议负责人的“否定”可能会导致所有与会人员都不再提“直播销售”的建议，即使团队后期具备这样的条件或者必须采取这种销售模式，也会因为是被“否定”过的意见而被大家忽视或拒绝再提。这就导致团队错过了提高产品销量的“可能性”。同样，在解决其他问题时，每位与会人员的意见背后都存在一定的“可能性”，会议负责人要谨慎对待、认真思考，更要参考其他与会人员的意见做出考量，切不可直接进行“否定”。

无论是从时间成本、与会人员的积极性，还是从团队未来的“可能性”几个角度考虑，会议负责人都不应当在15分钟的问题解决会上采取“否定”的方式回应与会人员提出的意见。

05 会议负责人需要不知道“答案”

高效地召开15分钟的问题解决会的一个秘诀是：会议负责人需要不知道“答案”，这句话强调的是在15分钟的问题解决会上，会议负责人应保持“空杯心态”，认真倾听与会人员的表达。

所谓的“空杯心态”，是指要想学到更多的学问，先要把自己想象成“一个空着的杯子”，而不能骄傲自满。15分钟的问题解决会上需要的正是这种心态。

在15分钟的问题解决会上保持“空杯心态”具体有以下几个作用。

避免产生偏见。偏见是指会议负责人脱离客观事实而建立起来的对与会人员发言内容的消极认识与态度。如果会议负责人知道“答案”，而没有保持“空杯心态”，那么会议负责人很容易对与会人员的发言内容产生偏见。这种偏见很可能导致双方产生争执，浪费会议时间。反之，如果会议负责人不知道“答案”，能够保持“空杯心态”，那么便能够在一定程度上避免产生偏见。

避免“话里听音”。当会议负责人知道“答案”的时候，他们往往会急于发表自己的意见。这个时候一些与会人员很可能会“话里听音”，会为了迎合会议负责人而完全认同他提出来的任何意见。例如：

会议负责人说："我认为解决这个问题的方案比较简单，可以采取……"

与会人员话里听音地说："我完全同意，这的确是一个不错的办法，我怎么就没有想到呢。"

这种情况下容易失去民主，导致与会人员只会按照领导人的意见办事，不利于有效地解决问题，促进会议目标达成。

所以基于以上两点，会议负责人在15分钟的问题解决会上应学会不知道"答案"，保持"空杯心态"，认真倾听与会人员的表达。为了确保可以通过倾听搜集更多有效的信息，会议负责人在倾听时还应掌握以下几个策略。

（1）不要轻易地打断与会人员的表达

打断与会人员的表达是会议上普遍存在的一个问题，也是严重影响会议效率的一个问题。当会议负责人打断与会人员的表达时，与会人员会认为自己没有被尊重和重视，进而可能会因此发生争执或者在会议上表现得不积极。无论是哪一种状态都会耽误会议时间，影响会议效率。所以，在15分钟的问题解决会上，会议负责人切不可轻易打断与会人员的表达。

如果与会人员的表达的确存在不妥之处，那么会议负责人可以将这些问题先记录下来，等到与会人员表达结束后再向与会人员请教。如果实在存在一些问题一定要与会人员及时澄清，否则会影响接下来的倾听效果，那么会议负责人可以委婉地告知与会人员，如"不好意思，请原谅我打断一下。这个概念我不是很清楚，我怕会影响对后面的内容的理解，所以是否可以请你再详细解释一遍。"

（2）听懂与会人员的"弦外之音"

15分钟的问题解决会上，会议负责人最好要求与会人员可以明确、果断地提出问题，这样有利于快速锁定问题并予以解决。但是一些与会人员由于不好意思或者表达方式等原因，无法明确、果断地提出问题。这个时候就需要会议负责人能够听懂与会人员的“弦外之音”，进一步明确团队实际存在的问题。

要做到听懂与会人员的“弦外之音”，会议负责人不仅要懂得用耳朵去倾听，更要懂得用心、用脑去倾听。

首先，要用耳朵听到与会人员通过语言传递出来的信息。

例如，与会人员表示：“这个项目的难度太大了，我们团队一共就5个人，根本忙不过来。”

如果只是用耳朵去倾听的话，会议负责人可能认为这句话只是与会人员的一句简单的抱怨，抱怨项目难、任务艰巨。但是，如果用心、用脑去倾听的话将会发现这句话背后还隐藏的一些信息，如下：

这个项目的难度超过了团队成员的能力；

项目难度太大可能需要管理者提供一些帮助或资源；

5个人忙不过来，需要更多的人手；

……

这些信息就是与会人员的“弦外之音”，只有听到这些信息才能更加快速锁定问题并找到解决问题的答案。所以，在15分钟的问题解决会上，会议负责人要学会用耳朵、用心、用脑去倾听与会人员的“弦外之音”。

(3) 给予积极的反馈

有效的倾听是双向的，既要在与会人员表达时不打断对方，认真地倾听对方的表达，也要适时地给出积极的反馈。否则，与会人员会认为会议负责人对他表达的内容不太感兴趣，进而不愿意继续表达下去。所以，会议负责人在倾听与会人员表达时还要懂得给予积极的反馈。

积极的反馈通常有语言和非语言两种。

语言是指通过一些话语给出积极的反馈，例如，“我明白”“这个很有趣”“我也这么认为”。这种积极的语言反馈能够表明会议负责人在认真倾听与会人员的表达。

非语言是指通过一些肢体语言或动作给予积极的反馈，例如，在倾听的时候身子微微向前倾，或者伸出大拇指表示认同。这种肢体语言也可以表明会议负责人在仔细倾听与会人员的表达。

当你作为会议负责人给出积极的反馈，让与会人员感知到你在认真倾听的时候，与会人员会更加愿意积极、真诚地表达自己，进而能够促进会议顺利、高效地进行。

在15分钟的问题解决会上，会议负责人的重点工作其实就是准确地锁定与会人员提出的问题，而要做到这一点就要做到不要设定“答案”，保持“空杯心态”去倾听。只有认真倾听，才能从与会人员传递出来的信息中快速地发现问题并准确地锁定问题，进而才能快速寻找到解决问题的答案，促进会议目标达成。

06 问题解决会后的跟踪很重要

在第1章第1节的内容中我们提到，零效果会议的第3个特点是“有执行，无跟踪”。这个特点同样适用于问题解决会。问题解决会后的跟踪对是否能有效落实问题来说十分重要，如果没有跟踪，那么问题解决会也很容易沦为零效果会议。

相比较正式会议的会后跟踪而言，会议负责人更加容易忽视问题解决会的会后跟踪。因为在他们看来，问题解决会上提出的问题以及解决问题的方案都比较简单，执行难度也不大，并不需要跟踪与会人员的执行。但事实表明，越简单的事情越容易被与会人员忽略，进而使一些简单的问题也难以得到落实。更加值得注意的是，这些简单的问题一旦不能及时解决，很可能会累积成比较严重的问题，阻碍团队的发展。所以，会议负责人一定不能忽视问题解决会后的跟踪工作。

问题解决会后的跟踪工作相对来说比较简单，但是也要求会议负责人采取一定的策略去执行，否则也会导致会后跟踪无效。

(1) 制订一张会后问题落实情况跟踪表

问题解决会后的跟踪其实就是要落实会议上提出的问题。落实问题比较简单、直接的方式就是制订一张“会后问题落实情况跟踪表”，如表9－1所示。

表9－1 会后问题落实情况跟踪表

序号	内容	责任人	责任人签字	计划完成时间	落实情况	备注

会议负责人应根据问题解决会上的具体内容将表格上的“序号”“内容”“责任人”“计划完成时间”等内容填写完整。会后应要求责任人确定自己的工作任务以及接下来要解决的问题并签字。关于“落实情况”的内容则是会后根据与会人员的反馈进行实时更新。

为了得到有效的反馈，实时更新会后与会人员的工作任务的落实情况，会议负责人应要求与会人员做好以下2项工作。

第一，认真落实会议中安排的任务并形成相关的工作记录，对于较为系统性的工作应制订工作计划，确保工作及相关问题、任务可以彻底落实。

第二，各与会人员在执行任务的过程中遇到问题应及时反馈，会议上提出的问题得以彻底解决后也应及时反馈，以便会议负责人掌控问题解决的进度。

以上2项工作便于会议负责人更加全面、详细地了解并掌握与会人员的工作情况和进度，从而形成完善、有效的“会后问题落实情况跟踪表”。

（2）持续跟踪并提供针对性的帮助，直到问题解决

问题解决会后跟踪的最终目的是保证会议上提出的问题能够在计划时间内高效地解决。为此，问题解决会后的跟踪工作应持续进行，直到问题解决。

在跟踪的过程中，会议负责人通常会发现与会人员在执行任务的过程中会遇到一些困难，导致他们无法按照计划推进工作任务，顺利地解决会议中提出的问题。这个时候，会议负责人就要及时为与会人员提供针对性的帮助，促进问题得以高效解决。

此外，为了加强与会人员对问题的印象，避免此后再出现同样或类似的问题，会议负责人还可以要求与会人员针对执行任务中遇到并得以顺利解决的问题进行反思、总结。

(3) 对问题进行总结，便于指导今后的工作

问题解决会后的跟踪工作中有一个较为重要的动作是“对所有问题进行总结”。之所以要对所有问题进行总结，主要原因为以下 2 点。

一是避免团队所有成员在工作中再次出现类似的问题。对所有问题进行总结后，可以在定期的例会或其他专题会议上再将这些问题拿出来进行复盘、总结，避免团队所有成员在工作中再次出现类似的问题。即便出现了类似的问题，他们也知道如何快速解决。

二是便于指导新员工。很多时候，当出现过的问题得到了很好的解决，这些解决方案可称为“团队的宝贵经验”。这些经验可以在新员工入职的时候分享给他们，进而可以提前让新团队成员熟知一些问题的解决方案，从而提高团队的工作效率。

所以从这 2 点来看，“对问题进行总结”是问题解决会后的跟踪工作中必须要妥善做好的事情，它能够进一步放大会后跟踪的意义和价值。

问题解决会的核心和重点就是快速、有效地解决问题，要实现这一点不仅要在 15 分钟内快速地提出问题并找到解决问题的答案，还要在会后进行跟踪，确保问题解决得以落实。否则，问题不但没有得以解决，反而容易衍生出更多的问题，进而严重影响团队的工作效率和长远发展，这样的会议一定是零效果会议。